Initiation à l'économie islamique

Dr Abdel Nasser DEDDAH

Copyright © 2023 Abdel Nasser Deddah

Tous droits réservés.

ISBN : 9798363995651

DÉDICACE

Je dédie ce livre :

Aux deux personnes devant lesquelles tous les mots de l'univers sont incapables d'exprimer mon amour, mon respect et ma gratitude, à mon père Mohamed Lemine et à ma douce mère Fatimetou que Dieu les garde.

TABLE DES MATIÈRES

TITRE	PAGE
Préface : histoire des pensées et courants économiques	01
Introduction générale	10
Partie 1 : le courant de la pensée de l'économie islamique	15
Chapitre 1 : les sources de l'économie islamique	16
Section 1 : les sources fixes	17
Section 2 : les sources flexibles	18
Chapitre 2 : les facteurs de production	19
Section 1 : la propriété du capital	20
Section 2 : le travail	28
Chapitre 3 : le libéralisme règlementé	33
Chapitre 4 : production, échange et répartition	35
Section 1 : la production	36
Section 2 : l'échange	39
Section 3 : la répartition	40
Chapitre 5 : les intérêts	42
Section 1 : la vision islamique	43

Section 2 : la vision capitaliste	45
Chapitre 6 : la monnaie en économie islamique	47
Section 1 : définition et histoire de la monnaie	47
Section 2 : les fonctions de la monnaie	50
Section 3 : les différentes formes de la monnaie	51
Section 4 : le débat autour de la monnaie	52
Chapitre 7 : l'organisation des transactions commerciales	54
Chapitre 8 : l'économie islamique et les valeurs sociales et morales	55
Chapitre 9 : les modes reconnus de l'association aux activités économiques	59
Chapitre 10 : la comparaison entre le système islamique et les autres systèmes dominants	61
Section 1 : le système islamique et le communisme	61
Section 2 : le système islamique et le libéralisme	63
Partie 2 : l'organisation des transactions de marché	66
Chapitre 1 : la vente	68
Chapitre 2 : contrat El Mouçakat	73
Chapitre 3 : la garantie	75

Chapitre 4 : la faillite	76
Chapitre 5 : le cautionnement	77
Chapitre 6 : le transfert de dette	78
Partie 3 : les institutions financières islamiques	80
Chapitre 1 : les banques islamiques	80
Section 1 : les banques traditionnelles	81
Section 2 : les banques islamiques	95
Section 3 : la comparaison entre les banques islamiques et celles traditionnelles	108
Chapitre 2 : l'assurance islamique	114
Section 1 : éléments de définition générale de l'assurance	114
Section 2 : histoire de l'assurance	119
Section 3 : le champ d'activité de l'assurance privée	127
Section 4 : l'État et l'assurance	131
Section 5 : les entreprises d'assurances	132
Section 6 : l'assurance islamique	134
Conclusion générale	139

REMERCIEMENTS

Je remercie tous ceux qui ont contribué à la réussite de ce travail, de près ou de loin.

Préface :

Histoire des pensées et courants économiques

L'économie comme l'histoire, la psychologie, l'éthologie, la démographie, appartient à la grande famille des sciences humaines dont le point commun est d'avoir le même objet d'étude : l'être humain.

Chacun se définit par un domaine d'étude et des méthodes qui lui sont propres. L'économie est donc une science humaine qui étudie la manière dont les hommes s'organisent pour produire, répartir, distribuer et consommer les biens et les services destinés à satisfaire leurs besoins.

Durant l'histoire, de nombreuses pensées économiques existaient, ainsi remplacées par d'autres courants et pensées d'une manière perpétuelle parallèlement au développement humain. Les premières pensées économiques connues sont celles grecques.

1) La pensée économique grecque :

Platon (427-347 av. J.-C.) : Platon a déclaré dans son ouvrage « la République » que la société doit être décomposée en trois classes :
-classe d'or : les gouverneurs
-classe d'argent : les nobles et officiers
-classe des ouvriers

Il préconisait d'appliquer un système d'économie de communisme dans laquelle les deux premières classes se partagent entre elles la terre et les femmes, tandis que les besoins de la troisième classe sont négligés par Platon.

On peut dire donc que Platon était le pionnier des communistes. Cependant, il a préconisé un communisme aristocrate qui ne réalise pas l'égalité et qui conduit à la lutte des classes et à la répartition inéquitable.

Aristote (384-322 av. J.-C.) : pour Aristote, les activités dans « l'économie des ménages » sont de deux types :

-activités naturelles : ce sont des activités économiques ayant pour but direct de saturer les besoins humains non la recherche de gain, comme l'agriculture et l'élevage.

-activités non naturelles : ce sont, les activités économiques ayant pour but la recherche de gain, comme le commerce et les intérêts financiers.

Pour Aristote, seules les activités naturelles sont licites.

2) L'économie durant l'époque romaine

Les ouvrages romains étaient plus concernés par la politique que par l'économie. L'économie durant cette époque était soumise aux deux principes politiques :
- Droit à la propriété
- Droit de liberté des contrats

Pour cela, le commerce et l'agriculture étaient très développés durant l'époque romaine.

3) L'économie durant l'époque médiévale :

Après la disparition de l'empire de Rome, on voit se distinguer quatre classes sociales.

-les nobles qui gouvernent et qui ont le droit de posséder la terre

-Les membres de l'Église qui ont le pouvoir religieux et ont aussi le droit de posséder la terre.

- Les serfs qui exécutent le servage et le travail de terre, ils sont soumis à un prince.

- Artisans libres dans les villes.

Donc, ce qui marque cette époque, c'est la destruction de liberté de propriété de terre, réservée aux nobles et à l'Église (la propriété des moyens de production est réservée à l'autorité).

L'église à cette époque a interdit parfois le commerce, ainsi que les intérêts financiers, ce qui provoque une régression de l'activité économique.

Ce qui en plus caractérise cette époque, c'est le dualisme apparu entre villes et provinces. Les provinces étaient marquées par l'immobilité, les nobles restent nobles, ainsi que les serfs. Elles étaient marquées par « l'économie fermée ». En effet, l'activité d'agriculture et d'élevage avait pour rôle essentiel la satisfaction des besoins des existants dans le domaine. Les buts lucratifs n'étaient pas principalement visés.

Cependant, les villes durant l'époque médiévale ont vu l'existence de diverses activités artisanales dirigées par des artisans libres, ce qui a revêtu aux villes de l'époque un dynamisme de production.

La fin de l'époque médiévale a été due principalement aux guerres en Europe d'une part et aux croisades d'autre part.

La guerre civile en Angleterre au 12e siècle, ainsi que la guerre de Cent Ans entre la France et l'Angleterre (1337-1453) ont causé la régression des activités agricoles et la hausse des impôts, ce qui pousse de plus en plus de seigneurs et nobles à louer ses terres à des paysans en contrepartie de louage. C'était le temps de commercialisation de l'activité agricole.

Les croisades, par la voie de transmission des sciences à l'Europe et l'accroissement des activités commerciales, ont contribué à mettre fin à cette époque.

4) Le mercantilisme :

L'apparition des nations et les découvertes géographiques et scientifiques ont contribué à la formation d'une nouvelle école économique : le mercantilisme.

Cette nouvelle école qui était basée sur la nécessité de l'intervention de l'État dans l'économie se divise en trois branches :

1- **Le mercantilisme monétaire :** apparu en Espagne dans le 16e siècle. Il remet en cause l'importance de l'or et de l'argent pour la nation en stipulant que l'accumulation de ces deux métaux est la source principale de richesse pour les nations.

2- **Le mercantilisme industriel** : apparu en France dans le 17e siècle. Cette école préconise que le développement de l'industrie soit le plus important pour les nations stipulant l'augmentation des investissements dans ce secteur et l'instauration des barrières tarifaires pour protéger l'industrie nationale.

3- **Le mercantilisme commercial** : apparu en Angleterre dans le 18e siècle. Il tend à libérer le commerce et à stimuler la propriété individuelle.

5) L'école physiocrate :

L'apparition de cette école s'explique comme une riposte contre les idées de mercantilisme qui ont duré près de 300 ans depuis 1450 jusqu'en 1750.

L'école physiocrate préconise que la loi naturelle de l'offre et de la demande doive s'effectuer librement dans l'économie sans intervention de l'État.

Elle stipule aussi que le secteur agricole est le secteur essentiel dans l'économie. L'industrie et le commerce sont des secteurs « stériles ». Les tarifs des douanes doivent être enlevés selon les physiocrates.

L'école physiocrate a été représentée en deux branches. L'une en Angleterre dont le chef de file était Adams SMITH (1723-1790) l'autre en France dont le chef de file était François

KINAY (1694 – 1774) ; cependant A. SMITH est allé à l'encontre de la branche de France en stipulant que le travail est la source principale de richesse et non l'agriculture et que la diversification de production conduit à l'abondance de celle-ci.

6) L'école classique

Désigne un ensemble des économistes de la fin de 18e siècle jusqu'à l'année 1870. Certains sont favorables au libéralisme économique (Adam SMITH), d'autres critiquent l'économie capitaliste qui se développe au 19e siècle.

Cette critique conduit certains de ces économistes à proposer d'autres types d'organisation sociale (développement des coopératives « OWEN », changement des règles de propriété « MARX »), d'autres cherchent à réformer le capitalisme en particulier grâce à une intervention adaptée de l'État, soit sur le plan social (John Stuart MILLS), soit sur le plan économique « Sismondi ».

7) L'école néoclassique :

Le français Léon Walras est un des premiers économistes néoclassiques. La presse économique évoque souvent les noms de deux prix Nobel néoclassiques contemporains, Milton Friedman et F. Hayek.

Les néoclassiques sont défavorables à une intervention économique importante de l'état. Ils estiment qu'en situation de concurrence, le libre jeu du marché tend à assurer le plein emploi. Pour ces économistes c'est l'intervention de l'État et l'insuffisance de concurrence qui est à l'origine du chômage.

8) Le keynésianisme

M. Keynes, qui est l'un des économistes les plus connus, ses principaux travaux publiés dans les années qui suivent la crise de 1929 mettent en cause le caractère automatique du plein emploi de la main-d'œuvre affirmé par les néoclassiques.

Pour Keynes, il peut y avoir chômage sans intervention de l'État parce que c'est le niveau des commandes qui détermine l'emploi et que la demande peut être trop faible pour assurer un niveau de production qui permet de donner un emploi à tous ceux qui en recherchent un.

L'État doit donc intervenir dans la vie économique pour assurer un niveau de demande suffisant pour éliminer le chômage.

Les keynésiens estiment aussi qu'il existe des rapports de pouvoir entre les agents économiques qu'il est essentiel de prendre en compte.

9) Le marxisme

Si Marx est « le dernier des classiques » c'est aussi le chef de file d'un courant de pensée qui se poursuit aujourd'hui et qui est caractérisé par la critique de l'organisation capitaliste qui entraine exploitation et aliénation du travailleur, il adopte la prise en compte de l'évolution historique et des rapports dans l'explication économique.

Marx (1818-1883) a résolu que les moyens de production doivent être détenus par l'État et les collectivités publiques.

Côte à côte avec ses courants de pensée économique, il existe un courant de pensée ancien, qui a souffert depuis longtemps de négligence des historiens économiques qui est le sujet de notre ouvrage. C'est **l'économie islamique.**

Introduction générale

Le but de cet ouvrage est de mettre en lumière, un système économique qui accentue par ses propres opinions une doctrine indépendante : c'est le système économique en Islam.
En général, un système économique est défini comme l'ensemble de processus influant sur le choix économique, visant à affecter les ressources économiques pour la réalisation des objectifs. Mais le système islamique, outre qu'il répond à cette condition, possède une vision claire envers les principaux points économiques essentiels, constituant un courant de pensée distinct sur la base duquel on peut construire plusieurs

systèmes économiques qui s'adaptent avec le milieu économique existant.

Le système islamique combine la libéralisation de l'économie et l'interventionnisme limité de l'État, par la fixation des normes licites de transaction et le contrôle du monopole et dumping de marché, afin d'assurer la libre concurrence dans le marché, d'une part ; il combine aussi entre la propriété individuelle et collective des moyens de production d'autre part.

Le système de l'économie islamique possède une optique synoptique envers tous les sujets économiques posés, en outre, il organise sur son mode les échanges commerciaux, financiers… Ce qui donne raison de distinguer son courant de pensée économique, et le mode d'organisation des diverses opérations conclues au niveau des banques, aux assurances et aux transactions manuelles aussi à part. Il s'agit d'une vision intégrale de la vie économique.

Beaucoup de chercheurs ont consacré leurs ouvrages à l'étude de ce système dont on peut citer parmi les Occidentaux Jacques Austry et Raymond Charles. Ce dernier a noté que « l'islam a édicté un modèle clair pour le développement. Par exemple, au niveau de production, il apprécie le travail, et interdit toutes les façons d'exploitation des personnes. Au niveau de la répartition, il adopte deux fondements pour répartir le surplus de productivité le premier « à chacun selon leurs besoins essentiels » comme un droit sacré que les autorités doivent garantir pour chaque personne ; le deuxième fondement « à chacun selon son effort » pour rémunérer ceux qui méritent et ceux qui travaillent, tout en prenant en considération de faire empêcher le décalage excessif de richesse entre les classes». Il définit le système de l'économie islamique comme l'ensemble des principes que l'on extrait du coran et de la parole du prophète (courant de pensée) d'une part, et la constitution susceptible d'être modifiée selon le milieu économique que l'on érige sur la base de ces principes (système économique) d'autre part. Le respect de ses principes, selon lui, ne délimite pas la part de jurisprudence en matière économique pour deux raisons :

- Ces principes sont très peu limités et ne concernent que les fondements nécessaires pour toute société, qu'importe le degré de son développement économique, pour cela, ils sont valables pour toute époque et pour toute place.
- Pour les points qui ne sont pas régis par ces principes, chaque société doit se poser ce qui s'adapte à sa spécificité.

Il est nécessaire ainsi d'ajouter que le système de l'économie islamique est l'un des piliers d'un système islamique plus exhaustif qui cerne et organise les divers côtés de la vie.

En général, on peut distinguer les divers composants du système islamique en cinq cotés qui sont :

- Le côté spirituel : le culte, la prière… etc
- Le côté moral : traite les caractères personnels et les valeurs à suivre.
- Le côté politique : l'adoption de la législation islamique et d'un système de referendum (consultation).
- Le côté économique : l'adoption du système de l'économie islamique.

Souvent, on retrouve le côté de pensée économique mélangé avec les autres côtés dans les manuscrits et instructions religieuses, on essayera ici de l'étudier d'une manière scientifique et neutre, isolée de tout aspect religieux ou autre.

Bien que l'économie islamique est en provenance religieuse (bien entendu les musulmans sont les seuls appelés à l'appliquer). Il occupe actuellement une place de plus en plus importante dans la vie économique.

Il est reconnu maintenant comme le deuxième (avec les idées de marxisme) concurrent actif de l'économie capitaliste. Certains pays l'adoptent totalement selon une lecture propre à eux (comme l'Arabie-Saoudite, l'Afghanistan et l'Iran), mais son grand succès actuel demeure dans le domaine de financement, là où ses établissements financiers (banques, et compagnies d'assurances) réalisent une véritable performance dans les dernières décennies.

Cet ouvrage veut donc mettre le point sur tous ces thèmes abordés. Il va surtout présenter les points d'accord et ceux de désaccord entre le système de l'économie islamique d'un côté et le capitalisme d'autre côté.

PARTIE I : Le courant de la pensée de l'économie islamique

C'est l'ensemble des opinions et des principes adoptés en matière de l'économie constituant les grandes lignes de l'économie islamique. Leur connaissance est cruciale pour ceux qui veulent comprendre le système de l'économie islamique pris dans son ensemble.

Un courant de pensée suppose naturellement l'existence d'un chef de file et des opinions distinctes en matière de traitement des principaux problèmes économiques tel est le cas de l'organisation de la propriété des moyens de production... etc.

Le courant de la pensée économique islamique est fondé sur des sources fixes qui sont des réglés canoniques immuables dans le temps et dans l'espace différemment des éléments variants que les foqahas (doctes) sont capables d'édicter selon l'analyse des situations, particulières et évolutives (sources flexibles), qui régissent les transactions économiques.

On va adopter dans cet ouvrage la présentation des opinions du courant économique de l'islam selon des thèmes distincts.

Chapitre 1 : Les sources de l'économie islamique (fixes et flexibles)

On désigne par ce terme la provenance par laquelle émergeait l'économie islamique. Ce terme désigne à la fois d'une part le fondement de la pensée économique. Par contre, dans le jargon politique, le terme de l'économie islamique désigne notamment l'ensemble des économies des pays islamiques, il est utilisé surtout après la constitution des associations islamiques internationales, notamment l'organisation de la conférence islamique.

Le courant de pensée économique traite les divers problèmes macroéconomiques posés et les propositions adoptées pour se comporter en face. Elle édicte aussi les principaux choix en matière de l'économie.

Le système économique, par contre, se fonde toujours sur un courant de pensée économique ; c'est une interprétation appliquée sur la réalité d'un courant de pensée ou bien c'est l'ensemble de processus qui influent sur le choix économique.

Donc, il peut exister plusieurs systèmes qui interprètent le même courant de pensée. Le système économique pénètre dans les détails pour permettre l'application des pensées économiques en question.

Partant de cela, on assimile la division des sources de l'économie islamique.

section 1/ Les sources fixes

Ce sont des règles strictes et non susceptibles d'être modifiées, ce qui leur permet de construire le fondement de la pensée économique de l'islam. Elles sont extraites des textes coraniques (1) et de la parole du prophète (2), en plus du consensus des foqahas représentant des pays islamiques dans une époque donnée sur des thèmes posés (ijmaa) (3). Ces règles proviennent de Dieu créateur (du point de vue des musulmans), donc il est obligatoirement optimal, les croyants le prirent en application, car il est considéré parmi les ordres généraux, il est l'unique système économique actuel qui descend des origines religieuses.

À l'époque, les pensées économiques de l'islam ont été

exprimées par des ordres et instructions religieuses plutôt qu'un courant économique clairement défini, mais les ouvrages de plusieurs économistes islamiques depuis le début du XXe siècle ont contribué nettement à le faire apparaître en tant que courant de pensée économique distinct.

Donc, les sources fixes font le noyau de l'économie islamique, qui est reconnu actuellement comme le seul émulant actif du libéralisme et de son système économique : le capitalisme. Le rejet des intérêts et de vente au hasard (pari) est un exemple des instructions fixées.

section 2 / Les sources flexibles ou animées

Elles ont pour mission de remplir les détails et de mettre en application les objectifs généraux de l'économie islamique, sans être liées à des textes fixes, mais aux jurisprudences des doctes islamistes.

Ces sources animées sont inspirées des sources fixes afin de les accomplir. Le champ de son application est le système économique où elles remplissent les détails. Donc, les sources flexibles de l'économie islamique sont constituées par les diverses jurisprudences des doctes islamistes en ce qui concerne les détails non traités par les textes fixes. Or, on peut trouver des interprétations diverses pour le même point. Exemple :

l'escompte traditionnel des effets commerciaux que la plupart des doctes interdisent et on voit que d'autres le légitiment.

Alors les sources flexibles sont animées et susceptibles de changer avec le temps pour une meilleure adaptation aux conditions temporelles et aux exigences du marché. La flexibilité permet le renouvellement continu du système et l'y ajoute plus de dynamisme, mais bien entendu sans contrecarrer les principes fixes.

Chapitre 2 :

Facteurs de production : Capital-Travail

C'est normal que l'économie islamique donne une importance particulière aux facteurs de production (le capital et le travail) car sans leur union il ne peut y avoir ni production, ni consommation, ni investissement et croissance par la suite.

Donc ce n'est pas étonnant que l'on constate que l'islam a encadré de façon précise la détention du capital et la rémunération du travail, pour que ces deux acteurs créateurs de production soient rémunérés de façon juste et qu'il n'existe aucune hégémonie de l'un sur l'autre.

Section 1 - la propriété de capital

Avant d'aborder le thème du capital au point de vue islamique, on indique que cette notion ne désigne pas toujours la même signification. La notion de capital désigne trois significations différentes :
- Le capital technique ou fixe : qui signifie les divers moyens de production durables, comme le matériel d'exploitation, les terrains, les bâtiments, etc.
- Le capital au sens financier ou capital pierre : qui désigne le patrimoine ou la richesse accumulée qui est susceptible d'être mobilisée en cas de besoin.
- Le capital comptable : signifie les apports financiers des propriétaires d'une entreprise.

Dans cet ouvrage, comme est le cas de tous les ouvrages économiques proprement dits, on désigne souvent par le capital le sens du capital technique ou fixe, qui désigne l'ensemble des moyens de production.

En effet, la pensée islamique en matière de l'organisation de détention du capital diffère clairement du principe communiste déclarant « de chacun selon leurs puissances et à ses chacun selon leurs besoins », qui réduit la propriété personnelle du patrimoine et attache la propriété des moyens de production au pouvoir public et aux organismes collectifs.

Les personnes physiques dans les économies communistes ne détiennent aucune propriété personnelle, sinon d'une manière restrictive. Mais vis à avis de ça, le pouvoir public assume parfois la responsabilité de leur pourvoir les logements, les repas, l'habillement, l'enseignement, etc. Ce qui s'appelle autrement, « l'expansion de la consommation collective » il n'y aura pas théoriquement de pauvreté. Les gens partagent solidairement entre eux les surplus de productivité. En cas où il y aura pauvreté, elle sera générale. La lutte des classes sera anéantie, puisque toute la population se trouvera dans la même classe sociale (le prolétariat) et dans le même niveau de vie.

Mais pratiquement, la parité qui apparait théoriquement reste théorique, en ex-URSS le revenu d'un simple paysan n'aboutissait pas à achever le 1/20 du revenu affecté à une personnalité à haute puissance dans l'autorité. En outre cette égalité a rendu la population en situation de misère générale et a causé la diminution des rendements de facteur humain et le manque de créativité. Cette théorie communiste en matière de la propriété de capital est refusée du point de vue islamique, ce qui est dû à trois raisons.

a) L'inégalité des rendements des personnes, de ses talents et de ses puissances exige une récompense équitable de chaque personne à part : il n'est pas équitable de donner la même rémunération aux personnes exerçant des métiers simples et à celles exerçant des métiers dangereux ou qui s'acquièrent des talents spéciaux qui innovent. Alors que ces deux types de personnes ne donnent pas la même contribution à la société, ils reçoivent la même rémunération.

L'argument de solidarité mutuelle ne suffit pas pour justifier la parité menée entre les deux clans. On peut, à la place, adopter un régime de solidarité partiel (à l'instar de l'économie islamique) par lequel, les personnes ayant des patrimoines considérables octroient un pourcentage imposable annuel de leurs patrimoines, collecté par l'État et destiné directement aux personnes à faible revenu et à ceux qui ont des besoins en général. Cette redistribution contribue de plus en plus selon l'importance de son assiette et le taux d'imposition à diminuer l'écart entre les plus pauvres et les plus riches, ou du moins à créer un niveau de vie acceptable pour l'ensemble de la population, ce qui en outre doit revêtir à la société un sens de solidarité générale.

b) La propriété publique ou collective des moyens de production rend la voix contradictoire impossible : la population se voit devant l'autorité qui détient ses logements, ses habillements, ses nourritures…, ses avenirs et ses vies.

Personne ne pouvait alors contrarier les autorités, sinon il risquerait de perdre sa vie. L'autorité deviendra par la suite l'oppresseur et la population, l'opprimé.

Nul ne peut refuser un travail nocif et/ou les ordres des fonctionnaires qui remplacent 'les aristocrates' : c'est pourquoi on traite souvent les pays communistes comme des pays rigoureusement réprimés.

La propriété individuelle est alors très nécessaire pour faire sentir aux hommes la sécurité. Elle constitue un cadeau luisant qui incite les personnes à fournir des efforts afin d'augmenter leurs revenus et leurs niveaux de vie.

c) La détention totale des moyens de production par l'État favorise le gaspillage des biens collectifs, comme l'eau, l'électricité, ext. En effet, les dépenses des biens devront être sensiblement diminuées si les consommateurs paient de l'argent en contrepartie au lieu de les consommer gratuitement.

En outre, on voit que dans ce cas, les entreprises publiques tendent spontanément à augmenter leurs coûts de revient puisqu'elles n'ont pas de buts lucratifs et aussi à cause de l'absence de la concurrence, contrairement au cas des entreprises privées qui ont les charges rigoureusement contrôlées (ce qui est d'ailleurs prouvé empiriquement).

C'est pour ces raisons que le régime islamique de propriété a légitimé la propriété individuelle, comme il a légitimé la propriété publique sachant qu'il a conservé certaines figures dans lesquelles la propriété ne peut être que publique. C'est le cas des sources d'eau, les pâturages, les minerais, pour assurer à l'État la capacité de pourvoir des consommations collectives (l'enseignement, l'éclairage...) et pour empêcher davantage le monopole sur ces biens vitaux pour la société. Il est important aussi que l'État intervienne par des projets qui ont d'une forte utilité pour l'économie nationale, mais qui n'ont pas d'avantages lucratifs, ce qui conduit l'initiative privée à les négliger.

Donc l'Islam a adopté trois types de propriété qui sont :

1- La propriété individuelle :

Chaque personne a le droit de détenir un capital technique constituant son propre patrimoine. Ainsi, les modes licites permettant la détention de patrimoine sont au nombre de quatre :

a- Le travail ou l'effort rémunéré : le travail est une source de richesse. Chaque personne peut avoir un revenu (s'il travaille), qui lui permet de dépenser et d'acquérir des biens. Aussi, les individus qui exploitent des capitaux et reçoivent en vertu desquels des bénéfices sont censés dégager des efforts pour avoir ces bénéfices parce qu'ils courent les risques d'investissement (pertes), ce qui est considéré comme effort subit pour la fin de production. Si alors ces capitaux étaient garantis contre les risques d'investissement en cas d'emprunt par exemple, ses détenteurs ne subiront aucun effort et alors il n'y aura pas lieu de les récompenser par des intérêts. « L'argent tout seul ne crée pas de l'argent, mais c'est le travail qui crée de l'argent » dit le principe islamique qui rejoint ainsi le principe déclarant que « l'argent est neutre » c'est tout simplement un intermédiaire des échanges et doit rester ainsi.

> **b- L'héritage :** en effet, l'islam a fixé le mode à répartir l'héritage, considérant dans cette répartition cinq bases essentielles :

- La répartition aux personnes les plus proches du testateur, qui sont censées assurer sa suite dans la vie. L'importance des quotités sur le lien de parenté : parents – fils et filles mari(e) – autres cousins…
- La considération des besoins des héritiers : on octroie aux fils par exemple plus de ce qui est octroyé aux parents parce que les premiers ont souvent plus besoin que les derniers.
- Est parfois doté aux femmes la moitié de ce qui est doté aux hommes, mais vis-à-vis de cela, la législation islamique endosse la responsabilité des dépenses de ménage uniquement aux hommes ce qui parait équitable.

Cette différenciation en matière de répartition entre femmes et hommes était souvent un point de critique par les opposants de l'islam négligeant ou ignorant qu'il a exonéré les femmes (mariées ou non) de dépenser sur les autres membres de ménage. Ceci prouve que si on n'a pas une conception générale du système islamique, on ne comprendra pas vraiment la conduite de ses pensées. Malgré ceci, il existe neuf cas d'héritage où la part des femmes est supérieure aux hommes.

- La répartition entre plusieurs personnes pour susciter une redistribution expansionniste de richesse au sein de la société.
- Enfin les testateurs ont un droit de quotité disponible ne dépassant pas le tiers de leurs héritages à tester à des personnes non héritiers.

c- **L'exploitation des landes vierges :** Toute personne a le droit d'exploiter une terre vierge qui se trouve hors des villes et agglomérations, pour des activités économiques. Mais le caractère de cette propriété est qu'elle est provisoire, l'exploitant jouit seulement du droit d'usus-fruit. Il n'est pas propriétaire véritable, mais détient le droit prioritaire sur la place tant que l'exploitation continue, toute autre personne aura le droit de le remplacer à la fin d'exploitation.

Cette politique du régime islamique en fait a pour but d'encourager les personnes à contribuer au développement économique et à limiter la pauvreté en permettant l'investissement de terre sans coût usuraire d'acquisition.

d- Redistribution de richesse : Le revenu peut être aussi acquis par le biais des dons ou de toutes autres sortes et de contribution due aux individus à faible revenu (Zakat) dans le cadre d'autres sortes de redistribution de richesse.

2- La propriété publique

Elle est incorporée en premier lieu aux moyens collectifs comme les sources d'eau, de minerais et d'énergie, les pâturages, les routes et a pour but d'empêcher le monopole sur ces biens collectifs.

En outre, l'État peut accéder à l'association économique côte à côte avec les initiatives privées, s'approchant de l'économie néoclassique préconisée par les keynésiens.

Le degré de l'accès public dans l'économie est dépendant de la politique du gouvernement et de la situation économique. Habituellement dans le cas des crises, L'État tend à exercer un impact considérable, allant même remplacer provisoirement l'initiative privée.

De cela, on peut conclure que l'islam n'a pas édicté fixement les limites de l'intervention de l'État dans l'économie, mais quelques économistes s'appuient sur l'idée que la pensée islamique favorise plus le type de l'économie mixte traité par KEYNES qui dans laquelle l'État peut influencer indirectement sur l'économie.

3- **La propriété hybride (waqf) :** L'islam a introduit un troisième type (hybride) de propriété qui est le waqf, le waqf est un bien privé géré souvent par une institution publique (tel qu'un puits, un jardin, un bâtiment...) rendu public par son propriétaire pour une période donnée, donc, le droit d'usufruit est donné au public, mais la propriété reste attachée à son propriétaire initial.

Section 2 - Le travail

Le travail est défini comme l'effort humain physique ou mental. Cependant le terme « travail » en économie désigne spécifiquement le travail rémunéré, à l'exception du travail de la personne pour elle-même, qui ne suscite pas la gêneuse d'aucun produit vénal, comme le travail de foyer ou amener ses enfants au jardin, etc.

Le travail est l'un des piliers pour produire les choses, puisque tout produit demande des efforts de transformation, extraction, adaptation, conception, etc.

Il devient important alors de préserver le droit des travailleurs qui sont souvent la partie la moins fortunée en matière de distribution des surplus de productivité.

De cela se pose le problème de savoir la rémunération juste du travail qui faisait à l'époque l'un des débats entre les différents courants économiques : est-ce que c'est mieux de prendre un mécanisme libéralisé ou dirigé en la matière ?

Autrement dit, qui fixe la rémunération, le pouvoir public ou le marché du travail ?

1- La rémunération du travail :

La base de fixation de la quantité de rémunération du travail faisait l'une des problématiques traitées par les différents courants économiques, chacun propose son point de vue.

Pour le libéralisme (connu par la vocation à privilégier le point de vue des entreprises), la quantité de rémunération doit dépendre de la loi de l'offre et de la demande appliquée au sein du marché du travail, c'est-à-dire que les salaires seront fixés librement en fonction de la demande de marché, ce qui peut parfois provoquer des effets négatifs :

Du fait que la demande provient essentiellement de la part des entreprises qui ont toujours pour but de diminuer leurs charges de personnel et autres le plus que possible par la diminution des travailleurs et par la substitution de capital au travail, la rémunération de travail sera spontanément diminuée jusqu'au stade même pour certains métiers de ne servir plus qu'à saturer les besoins vitaux de l'homme (manger, se vêtir, se loger, la santé).

Dans ce cas, la situation conduit souvent à une crise économique puisque la classe des « travailleurs » constitue la grande partie des consommateurs et leur incapacité à acheter les produits des entreprises conduit à la diminution des chiffres d'affaires de ces dernières et ensuite à la stagnation.

Cette présentation tragique sert à démontrer l'influence négative de la négligence du contrôle même restrictif du marché de travail et des besoins sociaux de la classe ouvrière.

Le courant communiste (qui privilégie le point de vue de la classe ouvrière) déclare son principe « de chacun selon sa puissance et à chacun selon son besoin ».

Donc, il privilégie l'égalité de rémunération pour tous les métiers quels qu'ils soient sans considérer la différence de la quantité et de la qualité de travail déployé, ce qui est même inégalitaire.

De plus, le contrôle sévère du marché, exercé par le pouvoir public, en vue de protéger le droit des travailleurs, aura des effets négatifs s'agissant de la dérogation des mécanismes du marché au pouvoir public. Aussi, le fait d'obliger une rémunération considérable et des primes lourdes en cas de licenciement provoquera une baisse significative et continue de la demande de travail par les entreprises, ce qui aggravera le taux de chômage.

Quelle sera donc la proposition du courant islamique pour échapper aux inconvénients de contrôle rigoureux du marché et du libéralisme ?

Sa position en matière de la quantité à rémunérer le travail est telle que :

- **En premier lieu,** la rémunération du travail est soumise au principe déclarant la responsabilité du pouvoir public, à garantir pour chaque individu au minimum un niveau de vie permettant de survivre et de subsister, c'est-à-dire de lui saturer les besoins vitaux, au-dessous desquels la rémunération n'est plus légale. Ce qui s'appelle dans nos jours le SMIG ou le SMIC.

Au-delà de ce niveau, le pouvoir public n'est plus responsable de la fixation de la quantité de la rémunération.

- **En deuxième lieu,** la base de la quantité de rémunération est résumée comme « à chacun selon son effort ».

Autrement dit, la quantité de travail subit et les qualités requises pour son exécution sont les déterminants de la rémunération. Ceci, le marché de travail est bien capable de le réaliser sans intervention du pouvoir public : la rareté progressive des qualités et talents requis face à la complexité et la spécificité progressive des types de travaux veillent spontanément à déterminer la juste rémunération selon la particularité des divers types de travaux, conformément à la loi de l'offre et de la demande appliquée au sein du marché de travail.

En conclusion, la détermination de la rémunération de travail doit s'effectuer librement au sein du marché de travail. Cependant, le pouvoir public assure que cette rémunération ne tombe pas au-dessous du stade permettant de garantir un niveau acceptable pour le travailleur. Mais, dans tous les cas, L'État garde son droit d'intervention en cas de dysfonctionnement du marché du travail, qui s'effectue rarement.

2- La spécificité du mécanisme de Moudaraba :

Le sens de travailleur s'attache souvent à la subordination envers le chef de carrière (directeur, ou patron). Or, le système islamique favorise plus des formes d'association entre le détenteur de capital et le travailleur. Ce qui est le cas de Moudaraba où le propriétaire du capital donne à une ou plusieurs personnes, l'autorisation de l'exploiter pendant une période, dans un domaine d'activité économique afin de partager avec eux les gains résultants selon le contrat conclu postérieurement en pourcentage.

Ceci implique que le travailleur devienne alors un associé recevant une proportion du bénéfice et non pas un salaire.

Les relations qui s'effectuent autour du rapport travailleur-associé sont régies donc par le code de travail en considérant le travailleur en situation de travailleur à commission à la place des rapports de travail sous la subordination directe à l'employeur.

Chapitre 3 - Le libéralisme réglementé

En effet, notre système étudié a ouvert la porte devant les personnes pour exercer le commerce à leurs guises et a laissé un grand intervalle de liberté des transactions commerciales.

De ce fait, il s'éloigne de l'économie communisme et s'approche de l'économie libérale.

Les libéralismes supposent une cohérence entre les buts envisagés par les personnes avec ceux de la société, comme l'a dit Adams SMITH « chaque individu met sans cesse tous ses efforts à chercher, pour tout le capital dont il peut disposer, l'emploi le plus avantageux. Il est bien vrai que c'est son propre bénéfice qu'il a en vue, et non celui de la société, mais les soins qu'il se donne pour trouver son avantage personnel, le conduisent, naturellement, ou plutôt nécessairement, à préférer précisément, ce genre d'emploi même qui se trouve être le plus avantageux à la société »[1].

Adams SMITH demande de permettre la libre concurrence entre les exerçants des activités économiques. Cependant le point de critique de cette thèse c'est qu'il peut y avoir des avantages personnels qui contredisent complètement la voie de la société comme le cas de dumping, du commerce de drogue, d'entente illicite et de la création monétaire excessive chez les banques commerciales.

La pratique sert à prouver que cette thèse n'est pas tout à fait parfaite et qu'on voit partout des faits contradictoires à la fin de la société ce qui déroge à la bonne application de la loi de l'offre et de la demande au sein du marché.

La pensée économique islamique a ressenti le problème et a mis un interventionnisme limité du marché en vue de le protéger. Cet interventionnisme réclamé trouve son origine dans certaines bases essentielles :

1- **Des bases économiques :** pour organiser le marché, le système islamique a pour but d'empêcher tous ceux qui dérogent à la loi du marché tel que le dumping du marché, l'entente illicite et le monopole en plus, il pose les règles d'exécution des transactions commerciales.

---

[1] (D'après recherches sur la nature et les causes de la richesse des nations, Adam SMITH édition Gallimard traduction G Mairet).

2- **Des bases morales :** pour des raisons morales, le système islamique organise les transactions de marché de façon à conserver les valeurs morales comme la fraternité et la transparence des marchés, Exemple ; l'islam a interdit le mode de vente au hasard qui va à l'écart de l'activité économique réelle.

3- **Des bases sociales :** le côté de l'économie selon le système islamique est de réaliser le bien être de la société non pas l'accumulation des richesses chez une classe limitée. Pour cela l'islam tente d'ériger les valeurs de solidarité et de justice sociale à travers la répartition du surplus de productivité.

Chapitre 4 - Production, échange et répartition

Les agents économiques réalisent des millions d'opérations. Les analystes de l'économie observent ces comportements individuels et les analysent. Il s'agit de la microéconomie, mais l'économie s'intéresse aussi aux relations entre les groupes d'agents tels que les entreprises, ménages, banques et administrations, il s'agit là de macroéconomie qui observe les opérations économiques fondamentales dans un circuit et les classe dans un marché.

Le circuit économique est une représentation abstraite de l'activité économique, c'est un circuit qui ramène au point de départ en passant par un certain nombre d'étapes.

Section1 - La production

La production au long de l'histoire a vu beaucoup d'évolutions dans le but de saturer les besoins accrus de l'humanité, et pour améliorer le niveau de vie générale ; ainsi apparait le problème de manque de ressources de production par rapport aux besoins de l'effectif croissant de l'humanité surtout avec l'apparition de l'économie de consommation de masse. L'explication de ce décalage faisait l'objet des interprétations différentes des écoles économiques dominantes.

Pour le libéralisme : le problème découle de la rareté et l'insuffisance des ressources naturelles existantes par rapport aux besoins de l'humanité. Donc la solution se trouve dans les politiques de limitation des naissances, qui ont pour but de concorder et de doser l'effectif humain aux ressources disponibles dans le monde ou bien dans chaque pays à part. Cependant, la pensée de libéralisme en la matière diffère clairement celle du communisme qui stipule que le problème de production dépend essentiellement de la contraction de la forme de production existante avec les relations d'échanges dominants, autrement dit, l'injustice sociale en matière de jouissance du surplus de productivité est la cause du problème.

Cependant, l'économie islamique a traité différemment des deux écoles précédentes le problème de production, en stipulant deux choses :

L'inefficacité des instruments et outils disposés par l'humanité afin d'exploiter et d'utiliser les ressources naturelles en vue de produire et de satisfaire les besoins est la cause essentielle du problème. Donc, pour le résoudre, on doit augmenter les efforts pour accroître l'efficacité des moyens d'exploitation et d'utilisation des ressources pour aboutir au niveau de satisfaction en production, sans faire appel nécessairement aux politiques de limitation des naissances qui portent la marque de l'immortalité et déroge au principe de liberté de personnes.

L'exemple du Japon et de la Chine montre bien que l'homme est lui-même une source de richesse pour les nations si on lui accorde les connaissances qu'il faut.

En contrepartie de la limitation des naissances, l'économie islamique est bien favorable à l'adoption des politiques de réglementation des naissances qui prennent la forme de sensibilisation des individus à la nécessité de réglementer les naissances dans chaque ménage pour pouvoir garantir un bon niveau de vie familiale.

La croyance islamique inchangeable préconise que la terre (et l'univers de façon générale) doive contenir en permanence les ressources nécessaires pour la vie de l'humanité. Donc, le problème découle de l'incapacité à utiliser pleinement les ressources mises à disposition et qu'on doit donc améliorer nos techniques par un travail de technologie et d'ajuster les sortes de produits avec la demande afin d'aboutir à saturer les besoins de chacun. La fonction de production doit avoir le but de réaliser l'aisance et le bien-être de la société non pas l'accumulation des richesses chez une classe de personnes limitée, ce qui ne peut être vu qu'avec la considération de la justice au niveau de répartition du surplus de productivité. La croissance de PIB ne signifie pas nécessairement le développement humain.

Le Développement économique

Il est défini techniquement par l'utilisation de ressources disponibles à la société pour réaliser les augmentations continues de PIB supérieures (dans leurs pourcentages) à celle de la croissance des habitants, suscitant par la suite un accroissement effectif du revenu moyen de l'individu.

L'accroissement de production est censé donc être la clef de ce développement qui doit être accompagné d'un développement social, changements de mauvaises coutumes (incitation vers la modernisation). Cependant, en plus de l'accroissement de production, l'économie islamique a considéré un autre facteur important au développement économique qui est celui de l'accroissement des ressources et des compétences techniques étant une mention essentielle pour le développement : il préconise donc la division de conception de développement en deux :

-développement vertical : c'est l'accroissement de la production

-développement horizontal : c'est l'accroissement des ressources et des compétences

Section 2 - L'échange :

En effet, les modes d'échange ont évolué dans le temps, tendant à inclure de plus en plus un ensemble d'intermédiaires qui agissent dans l'opération de livraison de produit au consommateur. Cet échange doit faire aussi l'objet de considération de la part de l'économie islamique. Cette dernière a préconisé des bases auxquelles l'échange des produits ne doit pas échapper, qui sont :

a- la production, échanger des produits illicites qui causent des préjudices et dommages tels que la drogue et le vin.

b- L'annulation des contrats en cas d'existence des vices dans les transactions comme le dol et la lésion.

c- L'annulation des sortes d'intermédiation qui n'ont pas de rôle essentiel dans la livraison du produit au consommateur, mais ont pour but de réaliser des gains par le biais de spéculation ou de monopole illégal. C'est-à-dire qu'il faut distinguer entre l'intermédiaire utile et l'intermédiation dite de spéculation.

Il est utile aussi de noter que chaque intermédiation conduit à l'augmentation du prix du produit puisque l'intermédiaire va augmenter le prix, pour avoir son profit personnel avant de le passer à d'autres intermédiaires.

d- Le contrôle limité du marché pour assurer son bon fonctionnement sous le respect des bases précédemment citées.

Section 3 - La répartition

Les détenteurs des capitaux et les travailleurs réunissent leurs efforts en vue de réaliser la production envisagée, moyennant l'utilisation des matières premières et autres charges, plus les efforts des travailleurs.

La production résultante sera vendue plus cher que le coût des matières et charges consommées par le produit, ce qui constitue une plus-value autrement dénommée le surplus de productivité. Ce surplus sera donc l'objet de débat autour de la répartition entre les deux facteurs de production, le capital et le travail. Les grandes écoles économiques sont en désaccord en matière de la manière juste pour repartir le surplus de productivité.

Le communisme considère que ce surplus est dévolu uniquement à ceux qui déploient de l'énergie pour réaliser la production, c'est-à-dire les travailleurs sans considérer la contribution des détenteurs des capitaux.

Quant au libéralisme la grande part du gâteau est dévolue aux détenteurs des capitaux qui possèdent la carrière. La rémunération des travailleurs pour des libéralistes doit se varier selon la loi de l'offre et de la demande du travail.

Cependant, L'Islam a son opinion distincte : la juste répartition doit être la loi, et avant de constater les bénéfices (la part du patron) on doit valoriser le travail subi en prenant en compte des bases de valorisation qui sont :

- Toute rémunération de travail doit garantir un niveau de vie minimum à l'individu pour lui satisfaire les besoins essentiels (besoins physiques, habillement, logement, santé).

- La rémunération doit être parallèle avec la quantité et la qualité du travail déployé et avec le degré de talents demandés, ce qui peut se réaliser avec le fonctionnement libre et peu réglementé du marché du travail.

-La préférence de Moudaraba qui remplace le lien de subordination du travailleur vis-à-vis de son employeur. Par un lien d'association.

Chapitre 5 - Les intérêts : un monde de transaction inacceptable

Une des pensées islamiques fondamentales se fonde sur la prohibition d'avoir des gains sans dégager des efforts ou sans courir le risque d'investissement (à l'exception bien sûr des formes de redistribution de richesse telles que la donation et l'héritage).

Les intérêts bancaires sont considérés de ce point de vue comme injustes, dans la mesure où la somme prêtée sera rendue en totalité à l'emprunteur, quel que soit le résultat de son exploitation (perte ou profit).

Il existe donc une grande différence entre la vision islamique et celle capitaliste en la matière.

Section 1 - La vision islamique.

La prohibition des intérêts est due essentiellement à trois raisons essentielles :

1- Le prêteur qui prête à un taux d'intérêt constitue une charge sur l'agent emprunteur sans contribuer directement dans l'opération de production.

La pensée islamique postule (à la place de rémunérer le prêteur par des intérêts) d'octroyer au prêteur une proportion du bénéfice c'est-à-dire qu'il devienne un associé permanent ou intérimaire selon les formes diverses d'association, ce qui lui permet de prendre part effectivement aux activités économiques contribuant à la croissance : L'islam veut instaurer une association productive entre les deux facteurs de production capital et travail.

Il existe un autre moyen de financement islamique qui remplace aussi les intérêts : Le Mourabaha, qui consiste à répondre aux besoins d'exploitation des entreprises et des ménages en achetant directement les matériels et matières demandées par l'institution financière bénéficiant de la différence entre le prix de vente et celui d'achat.

1- La prestation des capitaux selon le mode des intérêts va inciter à investir dans le domaine du financement, ce qui suscitera l'apparition d'une classe de personnes qui ne prennent jamais part aux activités réelles constituant une charge sur les agents économiques actifs, ce qui peut influencer négativement sur l'activité économique (les intérêts favorisent la non-productivité du facteur capital).

2- La neutralité de la monnaie : la pensée islamique préconise de garder la monnaie comme un moyen de transaction neutre. Le fait d'entrainer la monnaie parmi les objets de transaction qui influencent négativement l'équilibre économique.

Le rejet des intérêts dans l'économie islamique parait unanimement décidé, cependant, l'histoire conserve le fait que deux cheikhs (président) de la vénérable institution religieuse islamique (AL AZHAR) située en Égypte aient légitimé les intérêts bancaires, avant qu'ils reviennent et déclarent leurs interdictions, il s'agit notamment de Dr Mohamed CHELTOUT et de Dr Mohamed Sayid TANTAWI. Le seul argument qui porte aujourd'hui certains doctes à légitimer l'utilisation des intérêts est l'existence de la nécessité qui impose les individus et les nations de nos jours à s'adonner aux intérêts.

Section2 - La vision capitaliste :

Cependant, les capitalistes qui adoptent les intérêts s'appuient sur certaines théories qui justifient la nécessité des intérêts dont les essentielles sont quatre :

- **Théorie de la productivité de capital** : Considérer que le capital de sa nature crée toujours une valeur supérieure à son montant. Exemple : si le capital est de 100 $, il sera avec l'exploitation 105 $. Or, les 5 $ correspondent aux intérêts dus en cas de prêt. Cependant, cette théorie ne distingue pas entre le crédit de consommation et le crédit d'investissement. Autrement dit, la rentabilité du capital n'est pas surement réalisée.

- **Théorie du temps acquis** : Considéré que les intérêts sont justes du fait que le crédit est un échange entre des flux monétaires présents et des flux futurs, qui sont égaux par rapport au montant. Or, pour rémunérer le temps entre la date de prêt et celle de l'échéance, on doit appliquer les intérêts. L'intérêt est donc le prix de temps.

Exemple : le paysan qui veut acheter un engin à 100 $ doit attendre la collecte de ce montant (souvent après la récolte), mais s'il emprunte il gagnerait le temps.

Cependant, les flux présents ne sont pas toujours mieux que les flux futurs (en cas de déflation par exemple) et l'utilité de l'argent se varie selon le climat et les buts ; les grains au jour de semence sont plus chers qu'au jour de la récolte.

3/ Théorie de la préférence pour la liquidité : L'intérêt sert à rémunérer le manque de liquidité. Le prêteur qui donne le crédit sacrifie la liquidité.

Selon John O. Gurley et Edward S. Shaw dans leur ouvrage intitulé « money in a theorie of finance » la monnaie a un rendement implicite parce qu'elle évite d'une part les coûts engendrés par l'absence de liquidité, d'autre part les pertes en capital sur les créances et les biens dues respectivement à la hausse des taux d'intérêt et à la baisse du prix des biens. Donc, la cessation de liquidité doit avoir une contrepartie puisque le créancier peut avoir toujours des problèmes de liquidité ou des difficultés à rendre son argent à l'échéance. Cependant on ne doit pas négliger le rôle de la garantie pour assurer le retour de crédit.

4/ Théorie de dépréciation monétaire : Le phénomène de la dépréciation monétaire est lié à l'inflation. La dépréciation monétaire est définie par la diminution successive de pouvoir d'achat monétaire avec le temps. Ce qu'on achète pour un montant de « S » à l'année « n » on ne pourra l'acheter en « n+1 » que pour un montant de S+Si soit S (1+i) où « i » est le taux annuel de l'inflation.

Donc, en conséquence, si on prête un montant « S » à l'année « n » sans intérêt pour une durée d'un an, la valeur de ce montant va se déprécier à l'échéance d'une valeur de (S*i). Or, il est appelé à trouver un moyen compensateur de la dépréciation qu'il soit des intérêts ou autres. Cependant les partisans du système islamique déclarent que les propositions islamiques d'association travail-capital constituent des solutions efficaces face à la dépréciation monétaire.

Chapitre 6 : La monnaie en économie islamique

Section 1 : Définition et histoire de la monnaie

La monnaie se substituait au troc du fait de la facilité qu'elle mène en matière d'exécution des échanges.

Au début, la monnaie était définie comme tout instrument d'échange économique qu'il soit incarné dans le cheptel représenté en métal conventionnel ou simplement fondé sur une domination étatique.

Le terme français « monnaie » provient du fait que la monnaie romaine était frappée dans le temple de Juno Moneta et portait parfois cette épithète.

L'ambiguïté du terme « monnaie » est aussi ancienne que la date d'utilisation de la monnaie. Aristote a dit « parfois la monnaie semble être une pure futilité et aussi loin de sa nature. Un pur rien, car si ceux qui s'en servent abandonnent une monnaie pour une autre, elle devient sans valeur et sans utilité pour les nécessités de la vie. »

De même après 28 siècles d'activités monétaires en orient et en occident, l'actualité tend à prouver que l'outil humain, le plus simple par son abstraction, demeure le plus rebelle. S'agissant des instruments monétaires utilisés, ceux-ci sont très divers allant des divers animaux et biens, jusqu'à l'utilisation de la monnaie métallique qui avait peu à peu remplacé le troc depuis le (VIII –VII siècle AV. J.-C.) dans ses diverses figures (lingots de fer, pièces d'or et d'argents...).

L'islam conserve lui aussi un monnayage hérité de Rome. Sous les califes umayyades, la terre de l'Islam n'avait utilisé que les espèces byzantines ou sassanides ; c'est sous Abd Al-Malik ibn Marwane qu'apparurent en 695 les premières pièces d'or (le dinar) et d'argent (le dirhem), leur valeur ne varie sensiblement que jusqu'au lendemain des croisades.

Certains ont pensé avec Henry PIRENNE que la puissance monétaire de l'Islam jointe de sa puissance politique avait contribué à embouteiller l'Europe et à le réduire à l'étalon argent carolingien. D'autres comme Maurice Lombard, estiment au contraire que c'est l'afflux de l'or musulman qui a provoqué le nouveau démarrage de l'économie occidentale.

La monnaie métallique a gardé pendant une longue durée un cours légal égal au cours commercial. Cependant des princes d'Europe commençaient progressivement à diminuer le poids de leurs pièces pour bénéficier des agios. Depuis ce temps, la dématérialisation de la monnaie commence.

L'église qui avait toujours vu dans la monnaie la mesure de la valeur des biens ne manque pas de s'interroger sur la légitimité de l'altération de monnaie.

Par la suite on a vu au XIVe et XVe siècle apparaitre en Italie une monnaie de papier constituée par des lettres de change.

C'est au début du XVIIe siècle que les banques commerciales d'Amsterdam (1609) et de Hambourg (1619) commencèrent à émettre des certificats de dépôts libellés dans la monnaie de compte de lieu ; c'est la naissance de la monnaie scripturale.

Section 2 - Les fonctions de la monnaie :

On reconnait en généralement trois fonctions essentielles à la monnaie. Elle sert d'intermédiaire dans les échanges et se substitue au troc. C'est également l'unité de mesure de la valeur des biens. Enfin, puisqu'elle permet de différer du pouvoir d'achat dans le temps, elle sert d'instrument de réserve de valeurs, on la détient pour elle-même, en tant qu'actif du patrimoine.

a- Intermédiaire des échanges : Les échanges se font aujourd'hui par l'intermédiaire d'un bien reconnu et apprécié par tous : la monnaie. La monnaie constitue ainsi un véritable moyen de paiement qui devient nécessaire lorsque l'activité économique se développe. Ainsi, dans une économie monétaire, les biens s'échangent contre la monnaie, laquelle permet d'acquérir d'autres biens.

b- Unité de mesure de valeurs : le troc ne permet pas de déterminer la valeur d'une marchandise que par rapport à celle avec laquelle elle a été échangée. La monnaie par contre constitue une unité de compte qui permet non seulement de mesurer la valeur des différents biens, mais aussi de comparer facilement la valeur de ces biens entre eux.

c-Instrument de réserve de valeur

Si la monnaie n'assure pas pleinement sa fonction de réserve de valeur en période d'inflation, elle constitue néanmoins par rapport à tous les autres biens, un actif parfaitement liquide permettant d'acquérir tout bien à n'importe quel moment. Ainsi, la monnaie a théoriquement pour but de faciliter le bon fonctionnement du système économique. C'est-à-dire la satisfaction des besoins humains (motif de transaction selon les classiques). Mais, la réalité montre que la monnaie est aussi souvent détenue pour elle-même (motif de précaution ou de spéculation).

Section 3 - Les différentes formes de la monnaie

Depuis son apparition, la monnaie a considérablement changé de forme passant de monnaie de marchandise aux métaux précieux, puis à la monnaie fiduciaire et scripturale, puis Bitcoin ; elle est dématérialisée. Aujourd'hui on distingue trois formes de monnaie :

La monnaie divisionnaire : la monnaie frappée constitue déjà l'amorce d'une monnaie judiciaire, c'est-à-dire fondée sur la confiance, les pièces métalliques ne jouent actuellement qu'un rôle d'appoint dans les règlements.

La monnaie fiduciaire : les billets des banques ainsi que les pièces forment actuellement ce que l'on appelle monnaie fiduciaire, puisque ses valeurs sont basées sur les puissances de l'État émetteur, non sur la valeur marchande.

La monnaie scripturale : Elle désigne les dépôts à vue possédés par les agents économiques dans les comptes courants de banques, elle circule grâce aux chèques, aux virements et aux créances bancaires.

Section 4 - Le débat autour de la monnaie :

Bien entendu, le débat sur la définition de monnaie reste ouvert du fait de la dématérialisation de monnaie et l'utilisation massive de la monnaie scripturale émise par le système bancaire.

Le volume de la monnaie en circulation peut influencer considérablement l'équilibre économique, le débat se renouvelle prenant l'aspect de l'influence des monnaies dans l'économie et la quantité optimale de monnaie en circulation.

Pour J Keynes, la monnaie a un rôle actif, elle sert à épargner (réserve de valeur), mais elle peut favoriser la croissance, Keynes préconise donc le financement de l'économie par une création monétaire excessive : la monnaie n'est donc pas neutre.

Cependant en économie islamique la neutralité de la monnaie est un principe immuable, la pensée islamique préconise de garder la monnaie comme instrument d'échange et unité de mesure qui ne doit pas être elle-même un sujet des transactions. Ce principe est l'un des arguments qui poussent à l'interdiction des intérêts financiers.

Le système bancaire islamique ne crée la monnaie que d'une manière restrictive.

La monnaie après la dématérialisation ne peut servir parfaitement de réserve de valeur (du fait de l'inflation).

Aussi, dans un autre sens, la thésaurisation de monnaie est interdite en islam. En économie islamique, on interdit aux personnes de faire sortir du circuit économique et financier des quantités considérables de monnaie, puisque la déflation de monnaie aussi a des conséquences négatives.

Cependant, l'épargne dans le circuit bancaire ne signifie pas une thésaurisation, mais bien au contraire. Les flux épargnés alimenteront toujours le circuit financier.

Dans le même sens, les mêmes idées de courant islamique autour de la monnaie sont reprises par des libéralistes qui demandent de garder un faible niveau de création monétaire pour ne pas favoriser l'inflation. Cette création entraine une expansion de la masse monétaire sensiblement plus forte que le taux normal d'accroissement de la production. De manière générale les thèses monétaristes modernes concluent que la variation de la masse monétaire provoque à court terme des variations de même sens de l'activité économique (en volume) et quelques mois après des fluctuations au niveau des prix.

Chapitre 7 - L'organisation des transactions commerciales

L'une des bases de l'économie islamique consiste à organiser les échanges commerciaux de façon à conserver les droits et limiter les obligations de chaque contractant, ce qui tend vers la diminution des risques de transactions et l'interdiction des opérations de pari qui semblent être défectueuses, il s'agit de fixer pour chaque marché conclu :

1- Le prix : en quantité et devise
2- Le bien ou service acheté : en faisant décrire leur qualité et quantité par la voie de taille, poids, unité ou de tout autre moyen de mesure.

Le seul cas où la mesure aléatoire est acceptée est le cas de la difficulté de mesure, ce qui justifie l'existence de certaines conditions qui légitiment la vente au type d'El Jouzaf.

3- La date : c'est la date pour laquelle le bien et le prix de vente seront remis. Cette date doit être liée à un jour ou un événement certain.

De ce qui précède, on peut conclure que le hasard ou l'incertitude ne doivent pas exister lors de la conclusion des transactions commerciales selon le point de vue islamique afin de garantir le droit des contractants, ce qui aide à la stabilité du marché et favorise son développement. Le pari est inacceptable dans le commerce.

Chapitre 8 : L'économie islamique et les valeurs sociales et morales

Le système islamique considère que l'économie est inséparable du social.

Le système de l'économie que l'on adopte suscite des conséquences claires sur l'organisation du travail, la répartition du surplus de productivité, mais aussi sur le système de valeur de la société. Pour cela il constate que l'économie doit considérer l'aspect social de la société.

Le mécanisme de la solidarité est souvent constitué par la

redistribution des richesses pour lesquelles les riches donnent de l'argent aux indigents.

L'un des plus anciens systèmes de cotisation sociale est le système islamique de cotisation basé sur la zakat (en plus de l'encouragement du Waqf, dons...) qui est un impôt direct sur les divers types de patrimoine et de revenu qui atteint un niveau désigné. Cet impôt collecté par l'État est dû aux besoins de la société.

La zakat n'est pas très lourde et permet de satisfaire beaucoup de besoins des indigents :

Conserver des valeurs morales : en général, l'islam veille à consacrer une structure morale distinguée. Or, l'économe ne peut s'échapper aux règles morales de l'Islam qui veut instaurer au niveau de chacun, comme la fraternité, et le respect de l'autre ; la solidarité entre les personnes, être véridique... etc.

L'influence de ses principes moraux sur l'économie peut être remarquée clairement comme par exemple le fit de l'adoption de zakat.

-La justice sociale en matière de distribution : L'État doit garantir à chaque citoyen un niveau de vie acceptable, empêchant ainsi l'hégémonie de certaines classes sur d'autres comme le cas de distribution du surplus de productivité entre les détenteurs de capitaux et les travailleurs.

ZAKAT

Définition et but	Les conditions d'exigence	Les bénéficiaires	Les substances imposées
Définition Affectation d'une portion d'argent (à ceux qui méritent) retranchée d'un capital ou revenu désigné qui arrive à une certaine quotité après un délai qui est souvent un an **But :** ériger une forte solidarité sociale entre les riches et les pauvres de la société	La propriété de capital ou de bien en question. Que le capital arrive à une quotité au-dessous de laquelle la zakat n'est plus exigée.	Les pauvres Les indigents Les percepteurs Les débiteurs Les voyageurs pour libérer les esclaves les moudjahids	L'argent et revenu Les bestiaux Denrées et fruits Les marchandises de commerce les perles et métaux

Chapitre 9 : Les modes reconnus de l'association aux activités économiques

La multiplicité des sortes d'association aux activités économiques est importante pour activer les domaines économiques

En général, les modes d'association aux activités économiques adoptés par le système islamique sont trois modes essentiels, il s'agit de :

-**L'association des capitaux « moucharaka »** : c'est le cas le plus répandu où les capitaux se collectent pour effectuer l'investissement envisagé.

Les détenteurs des capitaux prennent en charge toutes les dépenses inhérentes (rémunération, du personnel, acquisition du matériel, etc.) ainsi que le risque d'investissement (perte), ils ont par conséquent le droit aux bénéfices chacun selon son pourcentage en capital.

-**L'association entre le capital et le travail** : Le deuxième mode adopté est l'association entre les deux facteurs de production : le capital, et le travail.

En effet, l'islam privilégie que ces deux facteurs créateurs de production participent équitablement à la répartition des bénéfices en donnant pour ce but la formule de l'association entre le détenteur du capital et le travailleur dénommée « Moudaraba » qui consiste à la délégation du premier au dernier d'agir, par son capital dans un secteur économique pour des fins lucratives, pendant une période donnée afin de réaliser un bénéfice qui sera réparti entre les deux parties contractantes selon leur contrat déjà conclu. Cette formule de contrat tend à changer la conception du travailleur qui sera un associé dans ce cas et reçoit une proposition de bénéfice à la place du salaire. Ceci augmente son intérêt aux résultats de son activité.

- **L'association en travail :** c'est l'association entre des travailleurs exerçant ou non le même type de métier (ou des métiers complémentaires) qui procèdent à diviser le travail entre eux, puis à répartir le gain résultant sur l'effectif selon leurs conventions conclues postérieurement.

Amener des moyens de travail par l'un de ces travailleurs associés confère à lui le droit d'une rémunération locative ou de crédit-bail plutôt qu'une part supplémentaire de bénéfices.

Ainsi cette association peut être fondée sur l'expérience professionnelle, la notoriété ou bien la confiance attachée aux associés qui leur permettent de jouir des avantages ou concessions lucratives.

Chapitre 10 : La comparaison entre le système islamique et les autres systèmes économiques dominants.

L'un des économistes français (Jacques Austry) a dit dans son ouvrage intitulé « L'islam face au développement économique » que « la voie de développement n'est pas limitée dans les deux doctrines économiques célèbres. Le capitalisme et le socialisme, mais il en existe une troisième plus ancienne c'est celle islamique. ». Il poursuit en indiquant que ce système va dominer le monde parce qu'il est un mode intégral pour la vie.

La comparaison se fait évidemment par rapport aux deux grands systèmes économiques : Capitalisme et socialisme.

Section1 - Le système islamique et le communisme

Ce qui caractérise essentiellement le communisme du système islamique se résume en cinq points :

a) Pour le communisme, les moyens de production appartiennent uniquement à l'État. Les individus n'ont pas de propriété personnelle que d'une manière restrictive alors que le système islamique a donné aux individus et à l'État le droit de posséder les moyens de production et a libéralisé la propriété personnelle.

b) En économie de communisme, le pouvoir absolu de poser et d'exécuter la planification économique se trouve dans les mains de l'état.

Alors qu'en économie islamique, l'État a pour rôle de contrôler le bon fonctionnement du marché. Elle intervient souvent pour réparer le dysfonctionnement du marché, donnant une grande marge de liberté à l'initiative privée pour influencer efficacement dans le processus de développement économique.

C) Le communisme déclare la résiliation des revenus de terre et de capital considérant uniquement le travail comme source de richesse contrairement au système islamique qui définit quatre sources de richesse :

Le revenu du capital : qui est constitué par les bénéfices et non par les intérêts

Le revenu de la terre : c'est la rente ou le louage de terre.

Le revenu du travail : le salaire ou une part de bénéfice dans le cas des Moudaraba.

Les dons et l'héritage

d) le socialisme érige la structure sociale sur des bases matérielles supposant que l'évolution de la productivité suscitera une évolution parallèle au niveau social et vice versa.

Cependant l'Islam croit le contraire ; la propagation de l'Islam dans la société de « Médine » suscitait une évolution remarquable et un grand changement au niveau social sans causer des modifications parallèles au niveau de la productivité.

Les exemples de la non-relativité entre la production et le système social sont plusieurs dans l'histoire.

e) le socialisme stipule une phase de dictature de la part de « prolétariat » sans laquelle les objectifs communistes ne peuvent être exécutés, alors que l'islam est favorable à toutes formes d'autorités (démocratiques, ou autres) qui respectent le régime de consultation et qui se trouvent les plus favorables à appliquer à la société.

Section2 - Le système islamique et le libéralisme :

Les points de désaccord entre ces deux systèmes sont limités dans quelques points

a) La liberté des individus est le grand signe du libéralisme qui a limité le rôle de l'État dans l'économie en tant que percepteur des impôts auprès des agents économiques. Cependant, la pratique sert à démontrer que l'excès de la liberté des individus motive souvent des crises économiques.

Selon le système islamique, l'incohérence des buts individuels avec les objectifs de la société exige un contrôle restrictif et permanent du marché pour y garantir le bon fonctionnement.

Des changements positifs ont été rajoutés au niveau du capitalisme, ce qui permet à l'État d'intervenir dans le cadre de la politique du marché ouvert pour influencer dans l'économie par le biais de la politique monétaire, économique et budgétaire menée.

b) le libéralisme était reconnu comme le partisan des plus puissants dans la société. Il néglige les besoins des démunis, qui sont incapables de travailler. Le système islamique malgré sa prescription a considéré le souci social parmi ses obligations, il a instauré l'un des plus anciens systèmes de cotisation sociale dans le monde, il s'agit de zakat. Récemment, le capitalisme a vécu une reconsidération accrue du côté social en introduisant des cotisations sociales pour le compte de l'ensemble de la population et surtout les plus pauvres.

Ce qui différencie le plus le capitalisme du système islamique, c'est que le premier considère les intérêts de la part des capitalistes, s'appuie sur le principe de la liberté des transactions et de la liberté de gérer son argent. Selon le point de vue islamique, les intérêts renforcent la non-productivité des personnes. Les prêteurs qui constituent une charge sur l'économie et ne contribuent pas dans l'opération de produire.

PARTIE II : L'organisation des transactions de marché

Nous avons indiqué que l'économie islamique a choisi le chemin du libéralisme réglementé. Or, pour exercer cette réglementation, elle exige une loi de marché dont on ne peut point échapper.

Cette loi qui régit le marché et qui représente une traduction des pensées économiques de l'islam sert à organiser les transactions économiques usuelles, telles que la vente, le cautionnement, la garantie et l'hypothèque.

Cependant, les règles d'organisation des transactions ne sont pas sévèrement fixées, elles subissent, au contraire, les diverses jurisprudences (fatwas) des doctes (foqahas) qui sont en accord sur certains points et en désaccord sur d'autres.

Traditionnellement, on classe les diverses doctrines de jurisprudences à l'islam en cinq :

- Doctrine de Malick
- Doctrine d'Abou Haniva
- Doctrine ibn Hanbel
- Doctrine de Chavi'i
- Doctrine Jaafari

Dans cette partie de l'ouvrage, la doctrine de Malik est prépondérante bien que les points de désaccord entre ces doctrines soient généralement limités aux petits détails.

Le règlement de marché évoque l'idée de deux choses :

- Qu'il est régit semi-globalement par les sources flexibles de l'économie islamique en tant qu'elle sert à remplir les détails.
- Qu'il est considéré comme loi du marché dont l'infraction est pénalisée, on parle donc de l'aspect juridique de l'économie islamique.

Nous nous contentons là de présenter certains aspects de l'organisation des transactions en islam, sans faire la régie de tous les sujets.

Chapitre 1 : La vente

1- Définition

La vente est un contrat qui transfère la propriété sur des biens ou la jouissance d'un service, d'une personne dite vendeur à une autre dite acheteur, en contrepartie, le vendeur reçoit une rémunération matérielle qui est souvent une quantité d'argent ou de bien en cas de troc. Les signataires du contrat de vente doivent respecter leurs clauses. La vente et l'achat correspondent à la même opération, mais de deux points de vue selon le contractant, vendeur ou acheteur.

La vente est un contrat distinct qui ne doit pas contenir des clauses hors du sujet de vente. Exemple : la clause déclarant qu'une telle personne ne doit pas utiliser ce que tu achètes.

2- Les conditions de validité de contrat de vente

Pour le système islamique, les conditions de validité de contrat de vente sont dépendantes d'une part des conditions de validité du contrat lui-même et d'autre part des conditions liées aux contractants.

Les conditions de validité de contrat peuvent être résumées en trois points :

- La validité du consentement des contractants par ratification expresse ou tacite, en l'absence des vices qui sont l'erreur, le dol, la violence ; la lésion et l'illicite de la chose vendue.
- La connaissance d'avance de la description de la substance vendue en quantité, qualité, taille ou autres moyens de description et de mesure.
- Ainsi, la connaissance du prix de vente, et les échéances de livraison de la marchandise et de sa contrepartie.
- La disponibilité de la marchandise, c'est-à-dire que le vendeur doit être propriétaire de la marchandise en question ou confié à la vendre. Ainsi, il doit en disposer au moment du contrat contrairement au cas de spéculation.

3- Les conditions relatives aux contractants :

Sont telles qu'ils doivent être majeur, raisonnables ou mineurs confiés à exécuter le commerce (émancipés).

4- La vente illicite

Outre que la vente est abolie en cas de dérogation des conditions relatives aux contractants et à la validité du contrat de vente, le système islamique conserve aussi certains autres modes de vente illicite, il s'agit de :

a- La résiliation de vente à un prix inférieur à celui indiqué initialement dans le contrat

La résiliation d'une vente est possible par un accord entre les contractants ou selon les clauses du contrat déclarant la possibilité de renvoie de vente, mais à condition que la matière vénale soit rendue à son prix de vente non plus non moins afin de ne donner aucun lieu à l'exploitation de la part du vendeur ou de l'acheteur.

b- L'escompte de créances selon le régime des intérêts

L'acte de vente peut être conclu avec délai ce qui donne naissance à une créance dont son montant et la date d'échéance doivent être fixes et connus au moment de l'acte. L'endossement de créance ne doit pas être lui-même un sujet de transaction, l'escompte selon la plupart des doctes et économistes islamiques doit s'effectuer sans frais de transmission de créance.

5- Des types particuliers de vente

Il est important aussi de mettre le point sur les contrats de vente spécifique qui sont pour simplifier les transactions courantes dans le cas où l'application des conditions normales de vente apporte des complications. Il s'agit de la vente 'esselem' et de la vente el jouzav.

a- La vente de préfinancement 'esselem' :

C'est un type de contrat de vente consistant à acheter au comptant et à l'avance une marchandise dont la livraison est différée dans le temps.

La marchandise qui peut être disponible au moment du contrat doit être décrite de façon claire par les moyens usuels de description.

Ce type de vente est pour répondre aux besoins pour des contrats portant sur des produits dont le cycle d'exploitation est long ou la livraison est difficile, ce qui les rend similaires au contrat de crédit documentaire.

Les conditions d'application de la vente esselem sont :

- Que le prix d'achat soit livré à l'avance
- Les marchandises en question doivent être bien décrites.
- Le lieu et la date de livraison doivent être mentionnés dans le contrat.

b- La vente el jouzav

La vente 'el jouzav' est appliquée dans le cas où l'estimation des substances vendues devient difficile, ce qui demande une estimation forfaitaire comme dans le cas d'un grand stock de pièces détachées ou un dépôt de denrée... etc. Dans ce type de vente, l'acheteur et le vendeur procèdent à estimer la valeur de la marchandise en question.

Les conditions de la vente 'et jouzav' sont comme suit :

-l'énumération (la mesure en général) de la marchandise en question doit être difficile ou apporte un grand effort et des frais abusifs.

-la marchandise doit être mesurable c'est-à-dire qu'il soit possible d'estimer un environ de prix.

-Les deux contractants sont supposés ignorer la valeur réelle de la marchandise.

-Les contractants ou leurs mandataires doivent estimer une valeur de la marchandise sujette à la transaction.

Chapitre 2 : Contrat « el mouçakat » (fermage)

Consiste à confier à quelqu'un de soigner une ferme pendant une durée déterminée en contrepartie d'une proportion de produit global résultant.

Donc c'est un contrat d'association entre un propriétaire de terre et un travailleur. Le propriétaire doit assumer les dépenses inhérentes de la terre quant au travailleur associé, il doit faire tout ce qui est habituellement indispensable pour servir la terre, comme l'arrosage et l'aménagement.

Les impôts fonciers sur la terre doivent être assumés uniquement par le propriétaire, quant aux impôts sur le revenu de la terre, les deux associés partagent les conséquences.

Dans le cas de décès du travailleur, ses héritiers peuvent déléguer un autre pour continuer le contrat.

Le contrat d'el mouçakat suit l'idée de préférence de l'association de deux facteurs de production : le capital et le travail qui marque l'économie islamique.

Contrat d'el mouçakat

Définition	Ses implications
C'est un contrat qui consiste à servir un champ en contrepartie d'une proportion de produit global résultant	- Les travailleurs doivent effectuer tout ce qui est fait d'habitude pour servir la ferme - Le délai de contrat doit être fixé - La proportion du profit doit être désignée.

Chapitre 3 : La garantie

C'est la saisie temporelle de certains composants du patrimoine d'un débiteur de la part de son créancier en vue de garantir son droit. Elle tient lieu souvent dans le cas du dépassement du délai sans paiement de dettes, mais il peut se réaliser dès le début (au moment du prêt) pour construire un gage de sécurité pour le créancier.

La garantie (qui ne transfère pas la propriété) se réalise par la livraison des substances garanties aux créanciers dans le cas des biens mobiliers comme le cas des bijoux et perles ou par livraison des documents légaux, qui prouvent la propriété en cas d'immobilisations comme les immeubles et les terrains.

Dans le cas d'arrivée de l'échéance sans intervention de paiement des dettes, la garantie peut être vendue d'après un procès légal ou le consentement du débiteur.

Si le prix de vente de garantie s'avère supérieur au montant de créance, le surplus revient au débiteur, dans le cas contraire, le manque reste comme une dette sur le débiteur.

En cas de décès du débiteur (le décès implique par dérogation l'arrivée à l'échéance). Le créancier, détenteur de garante, aura le droit prioritaire d'être payé par le prix de vente de garantie.

Chapitre 4 : La faillite

C'est le jugement d'un tribunal d'exercer la confiscation de patrimoine d'un débiteur qui échoue à honorer ses dettes, pour le revendre afin de régler les créanciers

Le jugement de faillite n'intervient qu'après l'existence de quatre conditions qui sont :

- L'ensemble des dettes doit être supérieur ou égal au patrimoine du débiteur.
- L'incapacité du débiteur d'honorer ses dettes. En cas où il se trouve un moyen de les payer (par des dons ou autres), la faillite ne sera pas décidée.
- L'arrivée à l'échéance des dettes ou de certaines d'elles.
- La réclamation des créanciers.

Après le jugement de faillite, la confiscation aura lieu en vue de procéder à la liquidation de patrimoine du débiteur qui aura droit à un délai pour vendre lui-même son patrimoine afin de réaliser le meilleur prix.

Après ce délai, le reste du patrimoine sera vendu à l'exigibilité.

Durant la liquidation, le débiteur ne dispose pas de droit sur son patrimoine qui sera réparti entre les créanciers, chacun, selon sa proportion par rapport à l'ensemble des dettes, sauf le cas d'existence de garantie où son disposant aura le droit prioritaire d'être payé par cette garantie.

La responsabilité du débiteur envers leurs dettes s'annule après la liquidation

Chapitre 5 : Le cautionnement

C'est l'engagement définitif d'une personne dite cautionnant d'assumer le paiement d'une dette inscrite sur une autre personne cautionnée en cas où celle-ci ne paiera pas.

Pour le cautionnement, le consentement du cautionnant est une condition de validité, sans considération du consentement de cautionné.

La responsabilité du cautionnant envers l'obligation qu'il assume ne s'annule qu'après le paiement du débiteur.

En cas où l'échéance de paiement arrive sans que le débiteur honore sa dette, le paiement devient obligatoire au garantissant.

Chapitre 6 : Le transfert de dette

C'est le transfert effectué par une personne de son emprunt envers quelqu'un à un autre qui se trouve débiteur envers lui, à condition du consentement du créditeur, ce qui annule sa responsabilité de payer l'emprunt.

L'échéance de l'emprunt que l'on transfère doit être intervenue avec ou après l'échéance de celui inscrit sur la personne à qui on fait transférer la charge.

L'existence du consentement du créditeur et de son débiteur est essentielle pour conclure le transfert de crédit, ainsi les deux emprunts doivent être cohérents en espèce, c'est-à-dire qu'ils soient les deux en monnaie ou en même espèce.

Généralement si la personne à qui on transfère l'emprunt s'avère incapable d'honorer cet emprunt ou est décédée depuis un temps, l'emprunt revient exigible sur le débiteur initial. Cependant, dans le cas où ce vice n'existerait pas, celui-ci ne sera plus au futur responsable, même en cas de non-paiement de l'emprunt.

Ce que nous constatons de plus dans cette partie est que les transactions islamiques sont marquées par la clarté des clauses de façon à limiter de manière claire les droits et les obligations de chaque contractant sans permettre à la pratique de pari de se présenter dans les clauses d'un contrat de marché.

Ce caractère même des transactions islamiques éloigne les vices du dol, de lésion, d'erreur et d'indétermination dans la conclusion des marchés.

L'organisation des transactions du marché constitue une loi qui régit le marché dans le sens de réalisation du libéralisme réglementé. Elle ne vise pas à contredire la loi de l'offre et de la demande, mais bien au contraire elle y contribue.

PARTIE 3 : LES INSTITUTIONS FINANCIÈRES ISLAMIQUES

Chapitre 1 : Les banques islamiques

La particularité des banques islamiques qui les distinguent des banques traditionnelles trouve son origine dans les principes qui guident l'économie islamique en général qui ne visent pas à changer les buts du secteur des banques, mais à apporter une nouvelle vision du travail bancaire.

Le rejet de mode d'intérêt, qui fait partie de la notion générale de riba (usure), apparaît donc comme un des caractères principaux des banques islamiques. Les divers débats contemporains qui ont eu lieu à travers le monde islamique cherchant à légitimer de manière intéressée l'intérêt bancaire se sont tous heurtés à la clarté des règles canoniques et à la rigueur de l'analyse économique avancée par les « conciles » de foqahas réunis pour la cause notamment celui de 1972 qui a conclu par consensus 'ijmaa' à la prohibition de l'intérêt.

Le mécanisme des banques islamiques consiste à procéder à la collecte des dépôts sous forme de contrats de fiducie (Moudaraba) et de les replacer auprès de ses clients en usant des modes de financement à particularité ou participatif, sans oublier les autres services bancaires.

Section 1 : Les banques traditionnelles

1/ Définition des banques :

Les banques sont des institutions financières exerçant l'intermédiation entre les épargnants et les investisseurs.

Autrement dit, elles constituent un point de contact entre les agents économiques ayant des capacités financières et ceux qui ont des besoins financiers, en octroyant des crédits à ces derniers moyennant des intérêts étant la rémunération du crédit.

Donc, l'une des plus importantes fonctions des banques est de transformer les épargnes en prêts à moyen et à long terme.

Aujourd'hui, les banques sont appelées les institutions financières et monétaires, elles interviennent en plus dans les domaines de marché financier et de marché de couverture de risque (marché dérivé).

2/ Histoire des banques :

Les opérations de crédit ont été connues depuis longtemps même avant 5000ans chez les Babyloniens.

Cependant, la première banque a vu le jour à 1458 en Italie, poursuit par la banque de Suède et les banques de change de devises dont la première était celle d'Amsterdam créée en 1609.

À l'époque, la banque signifiait la 'table' (en Italie banca) du changeur, une planche de bois posée sur deux tréteaux. Pendant longtemps, en effet, les banquiers ne firent que peser écus, doublons, francs ou sequins et les échanger contre la monnaie locale.

Ce n'est qu'avec les banquiers lombards (des clans de personnes qui habitaient le sud d'Italie) au XVIIe siècle, que la banque devient véritablement une profession, en dépit de la suspicion dont l'église entourait les métiers d'argent.

Sans doute, le banquier se dégage-t-il de sa gangue médiévale dès la moitié du XIXe siècle, les banques centrales sont créées et les banques d'affaires (les hautes banques) se spécialisent.

Ce n'est cependant qu'après 1850 qu'une nouvelle orientation est prise, liée à la révolution industrielle : les opérations de crédit sont systématisées et l'émission publique des valeurs mobilières patronnée par les banques.

Avec l'extension du champ d'action des banques, la fonction de celles-ci devient primordiale. Leur intervention en matière de financement ne se limite plus désormais au seul commerce, mais s'étend à la production (l'industrie) et par la suite à ses débouchés (l'investissement et la consommation).

3/ L'importance des banques dans l'économie :

Le rôle crucial des banques dans l'économie résulte de leur rôle d'intermédiaires entre ceux qui ont des capacités financières et ceux qui ont des besoins, pour lesquels les banques contribuent efficacement à pourvoir le financement et donc à stimuler les investissements. Cette première approche des activités bancaires a été nettement changée.

Pour mieux valoriser les rôles des intermédiaires financiers dont les principaux sont les banques, on doit distinguer les trois catégories d'actifs financiers qui sont :

a) **Les instruments de paiement** : ce sont les actifs financiers utilisables sans transformation préalable pour effectuer un règlement sur le territoire national ou à l'extérieur de celui-ci. On distingue les moyens de paiement internationaux qui recouvrent l'or monétaire, les devises, les droits de tirages spéciaux et les moyens de paiement nationaux ; les billets et pièces (monnaie fiduciaire) et les dépôts à vue directement utilisable dans les transactions.

b) **Les instruments de placement** : sont comme les instruments de paiement offerts à n'importe quel agent économique, mais, contrairement à ces derniers, ils ne peuvent pas servir directement d'instruments de règlement (sinon d'une manière occasionnelle), mais rapportent à leur détenteur un revenu monétaire.

Certains instruments de placement sont exclusivement émis par des intermédiaires financiers, ce sont par nature des actifs indirects. Il s'agit des dépôts d'épargne et des bons négociables en monnaie nationale ou en devise.

D'autres sont émis aussi bien par des intermédiaires financiers que par les sociétés non financières. On trouve dans cette catégorie :

-Les titres des marchés monétaires qui sont en échéance inférieure à deux ans, comme les bons de trésor négociables, billets de trésorerie émis par les entreprises.

-Les obligations, titres à moyen et à long terme, remboursables par tranche ou in fine.

-Les actions et autres participations au capital des sociétés, qui sont juridiquement des droits de propriété et non des créances.

3- Les instruments de financement : sont des créances nées d'un accord bilatéral entre prêteurs et débiteurs, le créancier étant le plus généralement un intermédiaire financier. Cette catégorie recouvre aussi les prêts commerciaux interentreprises.

Les instruments financiers sont donc d'une nature différente des instruments de paiement ou de placement pour lesquels les liens entre créancier et débiteur sont plus impersonnels.

4/ Développement du rôle des intermédiaires financiers :

La distinction entre les trois catégories fonctionnelles d'actifs financiers permet de mettre en lumière le rôle des intermédiaires financiers (dont les plus importants sont les banques). Ceux-ci ont seuls la tâche d'émettre les instruments de paiement, alors qu'ils partagent assez largement avec les institutions non financières l'émission de titres de placement (et l'encadrent aussi étant intermédiaires), ce sont eux qui accordent l'essentiel des financements sous forme de prêts.

Autrement dit, outre la gestion des instruments de paiement, les intermédiaires financiers ont pour fonction de solliciter l'épargne en s'adressant à l'ensemble des agents économiques, puis d'allouer ces fonds, soit en intervenant sur les marchés financiers (par la voie des instruments de placement), soit en accordant des prêts à des agents économiques choisis discrètement. Les opérations des intermédiaires financiers sur les marchés financiers sont utiles, car elles assurent le bon fonctionnement du marché par la négociabilité permanente des titres pour beaucoup d'opérations où elles offrent une couverture de risque.

Enfin, pour faciliter les échanges, les intermédiaires financiers exercent les opérations de change entre les devises.

5/ Les formes des banques :

Généralement, on peut classer les banques en trois catégories :

a) **Les banques commerciales** : qui sont les plus répandues. Ce sont les banques qui utilisent les excédents de trésorerie résultant des dépôts de ses clients pour octroyer des crédits servant à deux types de financement :

-Financement d'exploitation : prend la forme de crédits à court terme.

-Financement des investissements : prend la forme de crédits à moyen et à long terme.

b) **Les banques d'affaires :** ce sont les banques qui s'intéressent surtout aux marchés financiers. Elles exécutent les opérations d'intermédiation et de spéculation des titres financiers.

c) **Les banques spécialisées** : les besoins de l'économie nécessitent la spécialisation de quelques banques dans les secteurs d'activité spécifiques et utiles pour l'économie nationale, tels que la pêche, l'agriculture... etc.

Ces banques sont créées principalement par l'État.

6/ Les caractéristiques des banques traditionnelles :

a) **La création monétaire :** ce qui caractérise le plus les banques traditionnelles, c'est leur capacité à créer la monnaie scripturale, non pas par le principe de « battre-monnaie » (seigneuriage), qui est le droit propre de l'État, mais par voie de monnaie scripturale.

Sans relation directe avec la liquidité disponible à la banque, celle-ci peut donner des prêts en faisant inscrire sur ses papiers le montant de prêt.

L'emprunteur peut considérer alors qu'il dispose de l'argent qui n'est né de rien.

C'est la création monétaire : un juste enregistrement sur les documents de banque qui sera inexistant dès que le montant de prêt sera remboursé par l'emprunteur, ce qu'on appelle autrement « la destruction monétaire ».

Les banques s'appuient sur l'ajournement de retrait de l'argent chez la plupart des clients pour créer des sommes nettement supérieures à ce qu'elles possèdent en liquidité.

Cependant, la fonction d'octroi des prêts est d'autant plus cruciale pour le développement des économies que celle-ci est moins avancée.

La création monétaire conduit a entraîné une expansion de la masse monétaire et par conséquent à créer l'inflation selon les thèses monétaristes notamment développée par Milton Friedman, qui stipule que la cause principale de l'inflation est l'accroissement de l'offre de la monnaie.

Milton Friedman résume ainsi sa thèse : « tel ou tel facteur peut être responsable de l'inflation s'il entraîne une expansion de la masse monétaire sensiblement plus forte que le taux normal d'accroissement de la production ».

La création monétaire est provisoire, la masse monétaire augmente à condition que l'on crée plus de monnaie que l'on détruit par voie de destruction monétaire.

La destruction monétaire se produit lorsque l'argent détenu par un agent non financier devient la propriété de la banque et donc d'un agent financier, cela au cours de remboursement d'une dette.

Aujourd'hui, les banques centrales des pays tentent de modérer la création monétaire chez les banques par le biais des instruments de contrôle.

Exemple :

    i. Vous disposez une somme sur un compte courant : 1000 $.
Les bilans de la banque et du déposant seront comme suit :

Le déposant possède 1000 $ de la monnaie scripturale et la banque dispose 1000 $ de liquidités (base monétaire).
À ce stade, la masse monétaire est de 1000.

ii. Avec cet argent, si vous ne le retirez, la banque va pouvoir le prêter ;

La banque prête 900 $ à une entreprise : la banque lui fait un crédit, que l'entreprise prend sous forme de billets.

Donc, la masse monétaire en circulation est de : 1000 + 900 = 1900 $.

La masse monétaire a augmenté de 900 $.

iii. L'entreprise rembourse une partie de sa dette : 400 $.

La masse monétaire est de : 1000 + 500 = 1500Um.

Donc, la masse monétaire est abaissée de 400Um. C'est un processus de destruction monétaire.

iv. Vous avez (étant déposant) l'habitude de retirer 10 % du montant de votre dépôt en billet au bout d'une semaine. C'est-à-dire : 1000*10 % = 100 $.

Dans ce cas, la banque peut prêter au maximum, pour une semaine : 1000 − 100 = 900.

b) **Les intérêts :** C'est la base des transactions bancaires, comme on a déjà indiqué. Les intérêts sont considérés comme la rémunération du capital prêté par les banques traditionnelles. Les capitalistes défenseurs de ce point de vue s'appuient sur certaines théories pour le justifier.

Cependant, la pensée islamique en la matière contrarie nettement le mode de transaction par des intérêts chez les banques, ce qui est dû principalement à deux choses :

-la pensée islamique tente d'ériger une association productive entre le facteur capital et le facteur travail pour laquelle, ces deux facteurs sont rémunérés ou non selon le degré de succès des investissements envisagés. C'est-à-dire qu'ils partagent les profits et les pertes, ce qui est différent du régime des intérêts où le prêteur constitue une charge sur l'économie et les agents économiques actifs.

-Les intérêts dérogent au principe de la neutralité de monnaie, ce qui a pour conséquence d'inclure la monnaie parmi les sujets des transactions, menaçant ainsi l'équilibre économique.

7/ Les opérations des banques traditionnelles :

On peut regrouper les opérations usuelles des banques en trois voies : réception des dépôts, financement et vente des services :

a) Recevoir les dépôts :

La banque s'appuie essentiellement en matière de sources sur les dépôts de ses clients qui sont divisés en deux catégories :

- <u>Dépôts à vue</u> : sont déposés dans les perspectives d'être retirés à tout moment selon les besoins, pour cela ils restent parmi les moyens de paiement. Ce type de dépôt n'est pas rémunéré en général.
- <u>Dépôts à terme</u> : sont déposés par les clients de la banque sans possibilité d'être retirés pendant une durée déterminée en contrepartie des intérêts. Ce qui garantit à la banque une source stable qu'elle utilise dans ses opérations de financement.

b) **<u>Financement</u> :**

On peut cerner les types de financement dispensé par les banques traditionnelles en trois :

- **<u>Financement d'exploitation</u> :** les cycles d'exploitation des entreprises impliquent souvent des décalages entre les délais des clients et les délais des fournisseurs, un stockage des matières premières et des produits implique des charges sur l'entreprise ; les ménagent rencontrent aussi des besoins latents dont ils ne sont pas habilités à confronter, comme le paiement d'électricité, achat d'une machine… etc.

Tous ces problèmes provoquent des besoins de financement auxquels les banques répondent. La caractéristique de financement de l'exploitation est qu'il est souvent à courte durée (échéance inférieure à deux ans).

Parmi les figures de financement de l'exploitation, on peut citer :

-L'escompte des effets de commerce.

-Crédit classique à court terme.

- Découvert bancaire (facilité de caisse)... etc.

- **Financement d'investissement** : les investissements demandent souvent des sommes considérables, les banques les financent selon des taux d'intérêt supérieurs aux taux appliqués en cas de crédits d'exploitation. Le remboursement de ce type de financement est souvent échelonné sur plusieurs années à cause de l'importance des sommes investies et du rendement progressif avec le temps des investissements, le crédit-bail et les crédits classiques à moyen et à long terme en sont des exemples.

- **Le financement du commerce extérieur** : du fait des politiques menées en matière de l'ouverture des marchés (open market), les banques deviennent de plus en plus obligées à répondre aux besoins de financement du commerce extérieur, ce qui s'effectue selon les formules suivantes :

- **Le crédit documentaire (Credoc)** : c'est l'engagement irréversible de la banque de l'importateur de payer à la date convenue, le montant d'une importation réalisée pour le compte de son client, si les documents attestant de la réalisation de l'expédition de marchandise lui sont remis selon la forme et le délai exigés.

- **La remise documentaire (remdoc) :** dans ce cas, l'exportateur confie à sa banque la mission d'obtenir le paiement de son exportation à la date convenue en lui remettant les documents qui attestent la réalisation de l'opération. Ces documents qui sont nécessaires à l'importateur pour prendre possession de ses marchandises ne lui seront remis qu'après le paiement.

- **Cautionnement bancaire :** c'est un contrat par lequel la banque s'engage envers un créancier d'exécuter l'obligation financière de son client en cas où celui-ci ne l'exécute pas.

Les types de cautionnement sont divers, comme le cautionnement fiscal et douanier.

Le cautionnement est un service rémunéré, en principe, par une commission qui se varie entre 1 et 5 % du montant de l'engagement ;

En cas de non-paiement du client, son engagement qui était en hors bilan entre sous forme de crédit direct dans le bilan.

c) **La vente des services :**

La banque vend de nombreux services à sa clientèle comme le carnet de chèques, carte bancaire, frais d'ouverture des comptes, commission d'intermédiation et de caution, frais de conseils... etc.

Section 2 : Les banques islamiques

1- Définition

Les banques islamiques conservent la même définition que celles traditionnelles étant des intermédiaires entre les agents économiques ayant des capacités financières et les agents qui ont des besoins de financement.

La distinction découle essentiellement des principes et des mentalités qui guident chacune d'entre-elles et par conséquent, de la différence des modes de transactions adoptés par chacune. On peut même déclarer que chaque opération adoptée par les banques traditionnelles a une similarité avec les banques islamiques, la seule différence résulte du changement de formules.

L'apparition des banques islamiques a été retardée jusqu'au 1989, la date de création de la banque « Al-Ahli » en Égypte, qui avait pour but de répondre aux besoins de financement des agents pieux qui préfèrent le mode des transactions islamiques.

C'est depuis ce temps que la propagation des banques islamiques voit une évolution remarquable, surtout dans les pays islamiques.

Des efforts ont été subis par beaucoup de doctes et d'économistes pour exprimer le courant de pensée de l'économie islamique et pour formuler ses opérations financières conformément aux besoins actuels de la clientèle sans déroger bien sur les principes qui conduisent le système islamique.

2- Les principes des banques islamiques :

Les principes qui caractérisent les banques islamiques sont simples et limités. Il s'agit de l'association productive entre le facteur capital et le facteur travail ; la neutralité de la monnaie et le rejet des intérêts étant mode des transactions.

a) L'association productive entre le facteur capital et le facteur travail :

Ce principe déjà expliqué, repose sur la base de réunir le capital et le travail étant les deux facteurs de production et que chacun d'eux assume les conséquences d'investissements qui peuvent être, soit des pertes, soit des profits. À part cela, la tyrannie de l'un de ces facteurs sur l'autre sera sûrement réalisée.

b) La neutralité de la monnaie :

Selon le système islamique, la monnaie est un moyen d'échange et une unité de mesure et non pas un conservateur de patrimoine. Il faut la garder donc comme un moyen de transaction neutre, pour ne pas déroger à l'équilibre économique.

On remet aux questions traitées par les principaux courants économiques s'agissant du rôle de la monnaie et la quantité de monnaie en circulation optimale (le meilleur possible). Pour les économistes libéraux, le rôle de la monnaie est passif : c'est l'intermédiaire des échanges. Ils préconisent la limitation de la création monétaire avec un taux d'intérêt élevé. Pour les économistes keynésiens, la monnaie a un rôle actif : elle peut être désirée pour elle-même. Il faut créer de la monnaie avec un taux d'intérêt faible.

Il y'a donc deux conceptions différentes de la monnaie, celle des économistes libéraux et celle des économistes keynésiens.

Pour les libéraux, la monnaie ne peut pas favoriser la croissance, elle n'est pas une réserve de valeur. La monnaie est un voile, elle ne contredit pas la loi selon laquelle, l'offre crée sa propre demande. Il faut que la quantité de monnaie évolue en fonction de la production sinon il y'aura inflation.

Pour les keynésiens, la monnaie est désirée pour elle-même, elle sert à épargner, mais elle peut favoriser la croissance économique, la consommation, la production. Il faut créer de la monnaie, c'est un espoir qu'il y'ait plus de demande, plus de croissance, plus de production.

Donc, on voit que l'opinion islamique en matière de la monnaie s'approche de celle des économistes libéraux.

c) Le rejet du mode des intérêts :

S'adonner aux intérêts, c'est de mettre la monnaie elle-même parmi les sujets de transactions d'une part ; et de rémunérer le facteur capital sans dépendance directe avec le résultat d'investissement pour qui ce capital sert de financement, d'une autre part. Ce qui rend les prêteurs comme des « parasites » sur l'activité économique.

3- Les opérations des banques islamiques :

Les opérations des banques islamiques diffèrent seulement dans les formules par rapport à celle des banques traditionnelles dans la plupart des cas. On peut les résumer ainsi comme suit :

a) Recevoir les dépôts à vue et à terme :

Pour les banques islamiques (dans le cas idéal), les dépôts à vue ne servent pas souvent comme fonds à prêter (sinon d'une manière restrictive).

Les dépôts à terme au contraire sont utilisés pour allouer des crédits aux clients de la banque, leur rémunération, sera proportionnelle avec le bénéfice de la banque. On parle ici donc d'une sorte d'association entre la banque et les détenteurs des dépôts à terme.

Par exemple : Un agent qui dépose 10 000 $ à la banque pour une année sera rémunéré (selon son contrat) de 15 % de profit annuel de la banque et à proposition bien sûr de son dépôt par rapport à l'ensemble des dépôts à terme.

Rémunération : (400 000*15 %)*10 000 % 500000= 1200 $

Où l'ensemble des dépôts à terme= 500 000

Le bénéfice total= 400 000

b) La vente de services

Les services de la banque islamique ont des prix qui correspondent à la contrepartie de ces services, mais à condition qu'ils ne soient pas proportionnels avec le temps.

Par exemple la vente du relevé de compte et du carnet de chèques et les frais d'ouverture de compte.

c) Le change :

Le change de devise selon des opérations d'arbitrage connues, main à main constitue une des opérations des banques islamiques

d) Le financement d'exploitation

Les banques islamiques financent l'exploitation des entreprises et du commerçant sur les formes suivantes :

- **El Mourabaha** : permet à la banque de financer son client en donnant directement les matières demandées.

Généralement elle est composée de deux phases :

- **Promesse d'achat** : c'est un contrat facultatif par lequel la banque accorde son agrément (verbal) au client intéressé et contacte son fournisseur en lui promettant d'acheter la matière demandée.

À ce stade, chacune des parties contractantes peut se retirer sans conséquence.

- **Contrat d'el Mourabaha** : Dans cette phase, la banque procède à acheter la matière en question auprès du fournisseur et la vend ensuite au client à un prix supérieur à celui d'achat.

La différence entre le prix de vente et celui d'achat constitue le profit de la banque, elle est généralement dans le cas pratique proche des profits générés par les intérêts appliqués dans les banques traditionnelles.

À ce stade, le contrat devient obligatoire ; la banque procède alors à constituer un tableau d'amortissement de l'emprunt.

- **Opération « Mourabaha revolving »** :

Pour les clients dont l'activité nécessite l'achat des produits très divers et de manière répétitive, ce qui rend impossible de faire un contrat Mourabaha pour chaque opération, la banque accorde un plafond dans la limite duquel le client agit sous mandat de la banque pour l'achat des produits qu'il revient à lui-même avec une marge dont le taux est déterminé préalablement. Ce type d'opération est critiqué par la plupart des foqahas du fait qu'il est similaire au régime des intérêts.

- **Crédit sans rémunération** : La banque peut prêter des sommes à court terme sans rémunération pour le compte de certains clients, ce qui tient à fidéliser les clients (crédit de bienfaisance).

Ce type de crédit peut être appliqué dans le cas de l'escompte des effets de commerce.

- **Financement du commerce extérieur :**

C'est un contrat d'achat des matières à l'extérieur du pays pour lequel la banque joue un rôle important, allant de l'intermédiation et cautionnement jusqu'au financement. Pour la banque islamique, il existe trois formes de financement de commerce extérieur, qui sont :

- **Le crédit documentaire (Credoc)** : Si le financement des matières achetées à l'extérieur est découvert partiellement par le client, la banque peut découvrir le reste du montant en considérant cette opération comme un contrat de Mourabaha extérieur.

Si maintenant le crédit est découvert partiellement par le client, la banque peut découvrir le reste du montant en considérant cette opération comme un contrat de Mourabaha extérieur.

Si maintenant le crédit est découvert totalement par le client, la banque devient juste un intermédiaire recevant une commission en contrepartie de ses services.

- **La remise documentaire (remdoc)** : C'est un contrat dans lequel l'exportateur va confier à sa banque la mission d'obtenir le paiement à une date convenue de son exportation en lui remettant les documents qui attestent la réalité de l'opération.

Ces documents sont nécessaires à l'importateur pour prendre possession de sa marchandise et ne lui seront remis qu'après son paiement.

- **Cautions et aval :** La banque dispense les cautions et aval demandés par la clientèle dans le cadre de leur activité d'importation, de soumission et d'exécution des marchés.

e) Financement des investissements :

Le financement des investissements prend toujours la forme de crédit à moyen et à long terme. Pour les banques islamiques, les formes de ce type de financement sont :

- **Le Moucharaka (l'association) :** La banque peut entrer en association directe par capital avec certains de ses clients en leur apportant un capital numéraire ou en nature ou bien en achetant ses actions en bourse.

- **Le Moudaraba (karad) :** il s'agit de l'association entre le capital et le travail. La banque peut accorder des fonds à des personnes, physiques ou morales pour l'exploiter dans un domaine d'activité lucrative afin d'en tirer profit et de répartir ce profit résultant selon leur contrat de Moudaraba.

Le Moudaraba incite la banque à sélectionner les projets à financer de sa part, de façon à ne choisir que les projets dont le profit est fortement estimé indépendamment des garanties réelles engagées, ce qui constitue un avantage de la communauté : le profit tiré par la banque est tributaire de celui du projet.

Cette forme d'opération suppose l'existence de confiance attachée à l'exploitant de la part de l'apporteur de capital.

L'utilisation de la comptabilité surtout au sein des entreprises anonymes peut fortement contribuer à la propagation de Moudaraba, elle permet à l'apporteur de capital de savoir les affectations réelles de son capital.

- **Le crédit-bail (leasing) :** c'est une utilisation d'un bien durable (équipement ou immeuble…) totalement financé par un établissement de crédit contre paiement d'un loyer qui correspond à l'usage, mais avec une personne unilatérale de vente (souvent l'établissement de crédit-bail) de bien dénouable avec le transfert de la propriété à l'emprunteur.

Les banques utilisent cette forme de financement à long terme pour fournir directement aux entreprises les matériels nécessaires.

f) Les services complémentaires :

Les banques islamiques peuvent donner des services complémentaires qui sont souvent :

-Participation aux travaux de bienfaisance.

-dispensions de conseils financiers.

-Perception de Zakat sur les actionnaires.

4- Les banques islamiques et le contrôle de la banque centrale :

La monnaie est créée par le système bancaire. Le pouvoir d'action de l'autorité monétaire repose sur le privilège de la banque centrale d'émettre les billets de banque « monnaie à cours légal » qu'on ne peut refuser en paiement.

Pour cela, la banque centrale exerce des politiques sur les banques pour limiter la création monétaire, la réserve obligatoire et le plafond de crédit sont des exemples.

Ces politiques constituent même un gage de sécurité pour les banques traditionnelles qui peuvent (en cherchant les gains) créer la monnaie inlassablement jusqu'au stade où elles ne peuvent plus honorer leurs engagements et donc, arriver à la faillite.

Cependant, l'application de ces politiques sur les banques islamiques qui ne créent pas la monnaie que d'une manière restrictive paraît inéquitable.

Ces dernières érigent une relation d'association avec les

déposants ; les dépôts à terme aux banques islamiques doivent constituer en moyen 90 % de l'ensemble des dépôts (dans le cas idéal), quant aux banques traditionnelles, ils sont 40 %.

Le fait de limiter la capacité de créditer chez les banques islamiques les contraint vraiment, car une tranche considérable des dépôts à terme « rémunérés » sera saisie à cause de la réserve obligatoire, ou d'autres politiques restrictives de la banque centrale.

On considère alors que les politiques des banques centrales sont convenables pour les banques traditionnelles, contrairement au cas de celles islamiques.

Aujourd'hui certains pays comme l'EAU « Émirats Arabes Unis » érigent des régimes appropriés aux banques islamiques.

5- Les implications des banques islamiques :

Les banques islamiques apportent des implications de nature économique et de nature sociale :

a — les implications économiques des banques islamiques :

-Une population davantage et mieux bancarisée, grâce à la couche sociale pieuse que l'on arrive à toucher.

- Une sélection à la source des projets, puisque l'on ne finance que ceux dont la rentabilité est sérieusement étudiée indépendamment des garanties réelles engagées « la banque est associée aux projets financés ».

-Une « assistance liée » en matière de gestion de la part de la banque, dans la mesure où le bénéfice que celle-ci escompte est tributaire du profit dégagé par le projet.

-Une promotion de l'investissement, en raison de l'encouragement que provoque la formule de participation aux pertes et aux profits auprès des investisseurs potentiels.

-La promotion d'une forme de capitalisme populaire, grâce à la transformation des déposants de la banque en détenteurs de parts dans des projets économiques.

-La banque islamique est plus solide que celle classique en cas de crises grâce à l'association entre la banque islamique et leurs déposants à terme qui sont censés des associés en perte et au profit selon leurs pourcentages en bénéfices.

b- les implications sociales des banques islamiques :

-La solidarité entre bailleurs de fonds et investisseurs, à travers la formule participative.

-La moralisation de l'activité économique à travers l'éthique que développe la banque islamique à travers son réseau de clients et de partenaires.

-La contribution à la redistribution des revenus par la mobilisation structurée des fonds de zakat.

En conclusion, on peut dire que la banque islamique répond à des attentes populaires, qu'elle garantit une bonne rentabilité économique à l'échelle macroéconomique, et enfin, elle véhicule une attitude d'esprit nouvelle qui inscrit l'activité bancaire dans la sphère de l'économie réelle.

Cependant, il est remarquable que certaines banques dites islamiques pour des motifs de cupidité et par manque de contrôle ne respectent pas correctement les règles qui érigent les banques islamiques et se transforment réellement en banques traditionnelles sous une fausse plaque.

Section 3 : La comparaison entre les banques islamiques et les banques traditionnelles

Tel est déjà indiqué, l'objectif de faciliter les transactions financières et de pourvoir les moyens de financement de l'économie est le même pour les banques islamiques que pour les banques traditionnelles. Ces deux diffèrent surtout dans les principes qui guident chacune d'entre elles et par conséquent, elles diffèrent dans les formules des opérations appliquées.

On peut même dire que chaque opération appliquée dans les banques traditionnelles a une similarité avec les banques islamiques, dont la seule différence résulte dans les formules.

Les banques islamiques qui rejettent les intérêts procèdent souvent à conclure des contrats bilatéraux avec les banques traditionnelles existantes sur le marché selon lesquels ces banques font « une concession réciproque » sur l'ensemble des intérêts créditeurs dus entre elles.

Cette procédure est pour affiner le circuit monétaire des banques islamiques contre la pénétration des intérêts. D'autres banques islamiques procèdent à affecter ces intérêts aux fondations pieuses.

La propagation des banques islamiques, surtout dans les pays islamiques, conduit un grand nombre de banques traditionnelles à inclure des opérations bancaires d'origine islamique, et même à ouvrir des filiales islamiques.

Il est important aussi d'indiquer que la banque islamique est plus solide que celle traditionnelle en cas de crises, du fait que la première va repartir sa perte entre lui et les déposants à terme (qui sont des associés avec la banque en cas de perte ou de profit dans la limite de ses pourcentages en bénéfice) de façon à atténuer le poids de perte résultante. Tandis que la banque traditionnelle assume seule la perte résultante, il est obligé aussi dans tous les cas de rembourser les intérêts des déposants afin de faciliter la comparaison entre les deux types de banques, on vous présente un tableau qui cerne les différents points de différence :

Banques traditionnelles	Les banques islamiques
1 Les caractéristiques	**Les caractéristiques**
A font la création monétaire	Ne créent pas la monnaie
B utilisent les intérêts	Rejettent les intérêts
C la relation avec la clientèle est une relation de débiteur vis-à-vis de son emprunteur	La relation avec la clientèle est une relation d'association et de transactions commerciales
D les intérêts sont le principal produit de la banque	Les profits résultant des investissements fiancés par la banque constituent le principal produit de la banque
2 LES RESSOURCES	
Les dépôts à vue ont une importance particulière parmi les ressources (plus de 40 %)	**Les ressources** A les dépôts à vue ne sont pas importants parmi les ressources ; ils ne sont utilisés que d'une manière restrictive
B les dépôts à terme sont rémunérés par des intérêts garantis	B les dépôts à terme sont rémunérés dans une proportion connue du profil de

	la banque le déposant est assimilé à un associé avec la banque
C les provisions des clients douteux sont les plus importantes	Les provisions pour risques d'investissement sont les plus importantes.
D les capitaux propres sont moins importants d'habitude que les dépôts. Parmi les ressources les capitaux propres sont surtout importants au premier démarrage. **Les emplois** Les emplois sont essentiellement des crédits classiques dispensés aux agents économiques rémunérés par des intérêts.	D les capitaux propres ont une grande importance parmi les ressources. **3 LES EMPLOIS** Sont essentiellement des opérations de Moudaraba et de crédit-bail. **Les services auxiliaires** - Le crédit de bienfaisance - La perception de zakat - Participation aux œuvres de bienfaisance

On a remarqué que les banques islamiques gardent la même caractéristique de celles traditionnelles étant des intermédiaires entre les agents économiques ayant des capacités financières et ceux ayant des besoins.

La différence résulte des principes qui guident chacun de deux types de banques et en conséquence les formes des transactions adoptées.

En effet, la philosophie des banques islamiques est basée principalement sur deux axes.

-Les achats et ventes à tempérament en guise d'alternative au crédit à court et moyen terme.

-La participation aux pertes et aux profits comme mode de financement à long terme

« Nul ne bénéficie sans sacrifice ».

Les banques islamiques ont réussi à un progrès remarquable dans les décennies dernières, désormais, elles se présentent comme un substitut aux banques traditionnelles.

Selon les statistiques de la fin de l'année 2006, les dépôts des banques islamiques partout dans le monde sont arrivés à 200 trillions de dollars tandis que l'ensemble de ses passifs était de

720 trillions.

En effet, les banques islamiques ne visent pas à modifier le métier financier, mais aussi bien au contraire de faire entrer le domaine financier dans la sphère de l'économie réelle.

Chapitre2 : L'assurance islamique

Section 1 : Éléments de définition générale de l'assurance :

1/ définition générale de l'assurance :

La définition juridique classique de l'assurance montre qu'elle est une opération par laquelle une partie dénommée l'assuré fait promettre, moyennant un paiement (la prime ou cotisation) d'une prestation à une autre partie dénommée l'assureur en cas de réalisation du risque.

Une pareille promesse constituerait purement et simplement un pari, si l'activité de l'assureur ne s'appuyait sur une technique destinée à lui permettre de faire face à ses engagements, quoi qu'il arrive. Cette technique constitue le mécanisme de l'assurance, elle est fondée sur la compensation des risques.

2 / la compensation des risques :

Le mécanisme de l'assurance et fondé sur la compensation des risques. Ceux-ci, en effet s'ils menacent tous les biens ou toutes les personnes, ne se réalisent en définitive, que sur quelques-uns.

Il est donc possible de répartir les charges des dommages qui surviendront grâce au versement préalable par chacun d'une contribution modérée. En effet, en opérant sur un grand nombre de cas et en recourant à des techniques appropriées de prévision et de répartition des risques. Une société d'assurance peut, forte de la compensation qu'elle sait organiser, prendre à l'égard de chacun de ses assurés l'engagement défini par le contrat.

La société produit ainsi une garantie, et c'est l'existence de cette garantie qui donne aux assurés le sentiment de leur sécurité.

3 / définitions de certains termes :

a- Réassurances et coassurance :

En effet, les résultats effectifs de la compensation opérée par l'assureur peuvent différer sensiblement des prévisions théoriques sur la base de laquelle est fondé son tarif. La différence est évidemment d'autant plus importante que la loi des grands nombres s'applique moins bien.

C'est pour éliminer l'aléa que constitue cette différence que les sociétés d'assurances sont conduites à recourir au mécanisme de la réassurance.

Celui-ci consiste à se décharger sur une autre société d'une partie des risques, de leur montant, de leur répartition et de la puissance financière de la société d'assurance.

Aussi, à son tour, le réassureur peut rétrocéder une partie de ses risques et ainsi de suite, jusqu'à ce que soit éliminé tout aléa dépassant la capacité de la société qui en a pris la charge. La réassurance est une activité essentiellement internationale, elle met en jeu à la fois des entreprises spécialisées (sociétés de réassurances) et des sociétés d'assurance qui tissent par-dessus les frontières un véritable réseau international de sécurité. Les gros risques (usine assurée, satellites spatiaux) ne peuvent être pris en charge par une seule société d'assurance même si celle-ci est fortement réassurée.

En effet, les entreprises d'assurance sont amenées à limiter à un certain montant (appelé plein de souscriptions) leurs engagements sur un risque trop important ; ce risque ne peut alors être couvert qu'en recourant à la coassurance de plusieurs compagnies.

b- Assurances sociales et assurances privées :

Dans tous les pays, les gouvernements se sont amenés, à des dates diverses, mais le plus souvent depuis le début du 20e siècle, à instituer des régimes publics de prévoyance, en général pour des risques touchant à la personne humaine (accidents du travail, maladie, invalidité, etc.). Il s'agissait de substituer à l'assurance de type classique ouvert aux seuls volontaires et vendue à son prix réel, un système généralisé d'indemnisation, au financement duquel devaient participer non seulement les bénéficiaires eux-mêmes, mais d'autres catégories sociales telles que leurs employeurs ou les contribuables, par le canal du budget de l'État.

Bien qu'ils soient habituellement désignés sous le nom d'assurances sociales, ces régimes se distinguent en réalité de l'assurance proprement dite par deux caractères :

- Dans les assurances sociales il n'y a généralement pas de lien direct entre la cotisation demandée à l'assujetti et l'importance de son risque, tandis que le système de l'assurance privée repose sur une participation financière des assurés en proportion exacte de leur propre risque.
- En outre comme le volume global de prestations est en principe indépendant de celui de cotisations, c'est alors l'État — le plus souvent sur son budget — qui est appelé

soit dès la création du régime et par principe, soit en cours de fonctionnement et pour des raisons de conjoncture à combler la différence qui peut faire jour entre dépenses et recettes.

Donc, ces particularités excluent les assurances dites sociales du champ de l'assurance proprement dite.

4/ les effets salutaires de l'assurance pour la collectivité :

L'assurance a deux conséquences d'intérêt général :

a- L'assureur en demandant à chaque assuré une contribution proportionnelle à son risque incite les assurés à diminuer leur risque propre.

Cette incitation peut être indirecte : ainsi lorsque l'assureur vie fait dépendre sa tarification des résultats d'un examen médical de même dans le cas du choix d'un matériau de construction, de l'implantation d'une machine ou des modalités de transport ou d'emballage d'une marchandise. Elle revêt, en revanche, un caractère direct lorsque l'assureur exige ou favorise l'installation de dispositif de prévention ou de secours, tels les murs coupe-feu, les extincteurs automatiques et les antivols. Cette action de l'assureur en faveur de la diminution des risques est essentiellement profitable à la collectivité.

b- L'assureur cherche à rassembler les risques les plus nombreux. Les plus variés, les mieux repartis, afin de réaliser une compensation d'autant plus sure et plus économique. Cet impératif technique essentiel le conduit à susciter la demande d'assurance par une politique commerciale appropriée.

Par cette action d'information sur l'existence des risques et sur la nécessité de se prémunir contre eux, l'assurance fait œuvre utile pour la collectivité. À ce propos, on peut souligner que la plupart des assurances rendues obligatoires par le législateur ont été, auparavant, très largement répandues par un effort de prospection, qui fait partie de l'intérêt bien compris de l'assureur et qui vise à présenter au public et aux entreprises toutes les garanties dont ils peuvent avoir besoin.

Section 2 : Histoire de l'assurance

1- De l'entraide a l'assurance

La solidarité qui unit les groupes humains face à l'adversité, la mutualité sous la forme de l'entraide, est sans doute aussi ancienne que la société.

Dès la plus haute antiquité apparaissent de véritables institutions de secours mutuels entre personnes exposées à des risques comparables.

Pour ne citer qu'un exemple, les tailleurs de pierre de la Basse-Égypte (vers 1400 av. J.-C.) contribuaient à un fonds destiné à leur venir en aide en cas d'accident...

Dès l'apparition de l'État islamique, l'application du régime d'entraide basé sur le « Zakat » se propagande constituant un véritable système de cotisation sociale et un moyen efficace de répartition de richesse au sein de la société.

Au moyen âge, le développement de l'esprit d'association et l'influence de l'église donneront une immense extension à ces premières formes de mutualité. Et la plupart des communautés d'artisans ou de marchands (corporations, confréries, guildes ou hanses) constituèrent des caisses de secours au bénéfice de leurs membres.

Cependant, cette longue et ancienne expérience des caisses de solidarité se distingue encore mal de l'assurance du fait de deux raisons :

    a- le plus souvent, ces «mutuelles» n'exigent aucun effort de prévoyance et ne font appel à la générosité de leurs membres qu'après chaque sinistre, quand le risque est devenu enfin visible.

b- En outre, nécessairement limitée à des groupes restreints unis par de puissants liens de solidarité locaux ou professionnels, cette mutualité ne répartit le risque qu'entre un petit nombre de patrimoines et ne permet pas de réunir des fonds considérables, de ce fait, elle est loin de supprimer tout aléa pour l'assuré.

Seul le transfert du risque sur une autre personne pouvait donner à cet assuré la garantie immédiate d'une indemnisation en cas de sinistre.

2- Le contrat d'assurance :

Ces contrats d'assurance sont apparus dès la Rome ancienne et le haut moyen âge, grâce au progrès des techniques juridiques, avec « le contrat d'emprunt » ou d'emprunt gagé sur une certaine quantité de marchandises destinées à être expédiées au loin, et stipulant que, si les marchandises n'arrivaient pas à bon port, le prêteur perdait tout droit au remboursement de la somme prêtée. Ce contrat fut largement utilisé sous le nom de «prêt à la grosse aventure».

Il faut noter, cependant, que ce contrat restait encore loin de l'assurance véritable et, s'il soulageait «l'assuré» en transférant le risque sur une autre personne, il laissait entier le problème sur les épaules de cette dernière.

3- Le calcul actuariel :

La découverte du calcul des probabilités et le progrès de l'observation statistique permettent une prévision rationnelle du risque.

Au XVIIe siècle, Pascale découvre les bases du calcul des progrès des probabilités et la loi des grands nombres (la géométrie de hasard, 1654). Trois ans plus tard, le hollandais Huygens retrouve les calculs de pascal, et fait paraitre en 1657 le calcul dans les jeux du hasard.

À la même époque, Christian Huygens également — mais aidé de son frère — rédige la Première table de mortalité, et Jean de Witt, grand passionnaire de hollande, établit le Premier calcul des rentes viagères, dons le coût était jusqu'alors de détermination arbitraire en l'absence d'indication statistique valable sur la durée de la vie humaine.

Ces travaux sont complétés au XVIIIe siècle par l'astronome anglais Kalley et le théologien allemand

Neumann, qui rassemblent alors de nombreux renseignements sur la mortalité et sont couronnés à la fin du siècle par le français Deparcieux, napolitain Lorenzo Tonti (1653). Les tontines étaient des groupements d'une dizaine d'adhérents dont les cotisations étaient couvertes en valeur d'État et capitalisées. Au terme de la durée prévue aux contrats, les sommes capitalisées étaient réparties entre les survivants jusqu'au dernier décès.

L'ouvrage de l'anglais Richard Price qui démontre notamment la nécessité de prévoir des «réserves obligatoires» aura une influence notable sur le fonctionnement des premières grandes compagnies d'assurances.

Au milieu du XIXe siècle, enfin, l'actuariat devient une science autonome avec la création de « l'Institute of actuaries » à Londres et du cercle des actuaires français, devenue en 1890 l'institut des actuaires français.

4- L'assurance maritime du XVIe siècle :

L'assurance maritime est apparue au XIVe siècle en Italie. La première police d'assurance que l'on ait conservée remonte au 23 octobre 1347 ; elle fut rédigée à gêne pour le voyage du navire Santa Clara, de gêne à Majorque.

L'assurance maritime s'est étendue ensuite à tous les autres pays européens.

Dès 1435, Jacques 1er d'Aragon édicte l'ordonnance de Barcelone, qui est ainsi le premier monument législatif de l'assurance.

C'est en Italie également qu'était née la première société d'assurance maritime en 1424, mais c'est surtout à partir de l'Angleterre que se développent les chambres d'assurance qui sont à l'origine de la plupart des innovations en matière d'assurance jusqu'à la constitution définitive des grandes compagnies au XIXe siècle.

5- L'assurance incendie au XVIIe et au XVIIIe siècle :

L'assurance incendie est née au XVIIe siècle dans les pays de l'Europe du Nord où l'utilisation systématique du bois pour la construction des maisons et leur chauffage aggravait les risques d'incendie, d'autant plus qu'à la même époque l'accroissement de la population amenait un développement rapide des agglomérations.

Ainsi, en 1666, il fallut quatre jours pour maitriser l'extraordinaire incendie de Londres qui avait pris naissance dans une boulangerie : 13 000 maisons furent détruites sur une surface de 175 hectares.

À la suite de ce désastre sera créé en Angleterre le « f i r e office », qui donnera naissance en 1696 à plusieurs compagnies, dont le «hand in hand», première compagnie d'assurance contre l'incendie.

6- Naissance de l'assurance sur la vie :

Les contrats d'assurance sur la vie ont vu le jour dès la première moitié du XVe siècle, ils tendent à garantir le contractant à l'égard des pertes éventuelles que le décès de l'un ou des autres aurait pu entrainer et l'on a conservé une police délivre le 18 juin 1583 à la bourse de Londres par seize marchands qui appartenaient à la chambre des assurances créées quelques années auparavant.

Ces premières formes d'assurance se distinguaient toutefois assez mal des paris sur la mort ou la survie des hommes illustres comme le Pape, les rois ou les entrepreneurs qui étaient alors de pratique courante. Aussi les grandes lois sur l'assurance, interdisent-elles l'assurance sur la vie en considérant son caractère de «spéculation sur la vie», et parce qu'elle attribue à cette vie humaine un prix.

Jusqu'alors, les compagnies d'assurance sur la vie pratiquent un tarif uniforme ne tenant pas compte de l'âge des assurés. De ce fait, elles ne recueillaient que des souscriptions de personnes âgées.

7- Développement récent de l'assurance :

Au XIXe et plus encore au XXe siècle, le progrès économique et technique s'est traduit par un prodigieux développement de l'assurance. Il serait fort difficile d'établir aujourd'hui une liste des risques maintenant couverts par l'assurance, d'autant plus que cette liste s'allonge chaque jour.

En multipliant les biens et en accroissant sans cesse le coût des installations, la révolution industrielle a en effet considérablement accru le nombre comme la gravité des risques, et il n'est nullement besoin d'insister ici sur l'importance des risques issus de l'industrialisation (incendie, bris de machines, accidents de travail, etc.) ou de ceux qui sont couverts par l'assurance automobile. En même temps, l'évolution de la société, marquée essentiellement par le recul de la solidarité familiale, a rendu l'insécurité de plus en plus difficile à supporter. Aussi, voit-on apparaitre à la fin du XIXe siècle des systèmes de sécurité sociale alimentés par l'impôt ou par des cotisations obligatoires. Mais ils sont fondés plus sur l'idée de solidarité et de redistribution de revenu national que sur celle d'assurance.

Section 3 : Le champ d'activité de l'assurance privée :

Le champ d'activité de l'assurance privée est aujourd'hui presque aussi étendu que celui de l'activité économique.

On peut effectuer un premier classement des activités d'assurance en distinguant, selon l'objet auquel elles s'appliquent, les assurances concernant les personnes et les assurances concernant les biens.

Les assurances de personnes tentent de couvrir tous les aléas de la vie humaine en prévoyant des prestations en cas de décès ou en cas de vie, en cas d'accident ou des maladies. Dans tous les pays, on établit une distinction entre les assurances sur la vie et les assurances d'atteintes corporelles.

1- Les assurances de personnes :

- **Les assurances sur la vie :**

Les diverses formes d'assurance sur la vie ont toutes le même fondement : la durée de la vie humaine. Elles prévoient soit le paiement d'un capital ou une rente en cas de décès (assurance en cas de décès), soit le paiement d'un capital ou d'une rente en cas de survie à une époque déterminée (assurance de vie).

L'assurance en cas de décès est la plus ancienne, mais son développement fut freiné pour des raisons morales : elle ne profite qu'aux survivants.

L'assurance temporaire est un contrat souscrit pour une durée limitée et prévoit le paiement d'un capital ou d'une rente si le décès de l'assuré survient avant l'échéance du contrat ; les primes versées restent acquises à la société d'assurances.

L'assurance vie entière est un contrat souscrit sans limitation de durée et prévoit le paiement d'un capital ou d'une rente, quelle que soit l'époque à laquelle surviendra le décès de l'assuré.

Il faut citer, en outre, l'assurance à terme fixe qui garantit le paiement d'un capital ou d'une rente à l'échéance prévue au contrat, que l'assuré soit vivant ou non. Si l'assuré décède en cours du contrat, les primes cessent d'être dues.

-Les assurances d'atteintes corporelles :

Le besoin de sécurité matérielle et le fondement des assurances en cas de maladies et en cas d'accident.

En effet, la maladie ou l'accident corporel déjouent les prévisions financières des individus et portent parfois de graves atteintes à leur patrimoine, que l'assurance cherche à atténuer les conséquences.

2- Les assurances relatives aux biens et aux intérêts :

Les actifs corporels ou incorporels composent le patrimoine d'une personne physique ou morale peuvent être perdus, ou détériorés, ou appréhendés par des tiers du fait des responsabilités pécuniaires encourues envers eux par le propriétaire.

Ces pertes et responsabilités peuvent être à l'origine de graves perturbations financières que s'efforcent de couvrir les assurances relatives aux biens et aux intérêts

De nos jours, le jeu de la responsabilité civile à la charge de propriétaire d'un bien peut entrainer des conséquences financières de la responsabilité pour lesquelles sont créées les assurances de responsabilité.

Cette responsabilité peut être générale, lorsqu'elle est engagée à l'égard des tiers ; elle peut aussi être particulière à l'égard des salariés en cas d'accidents de travail, par exemple elle peut dériver aussi d'une activité professionnelle (responsabilité décennale de l'architecte).

Dans nos sociétés contemporaines, le risque de responsabilité peut prendre une dimension considérable, comme la responsabilité des fabricants de produits alimentaires, pour qui les assureurs ont développé les contrats «RC. Produit.».

- **L'assurance automobile :**

La police d'assurance automobile peut rassembler dans un document unique la garantie de la responsabilité civile du propriétaire et du conducteur (assurance au tiers ou assurance tierce-collision), la garantie des dommages causés au véhicule ou de décès des passagers (assurance personne transportée ou familles passagères), la garantie en cas de vol, d'incendie ou de bris de glace. Il faut également citer les prestations d'assistance et de protection juridique (assurance défense- recours), développées à l'origine en complément des contrats auto qui peuvent être désormais garanties par des contrats séparés.

Section 4 : L'État et l'assurance :

La nature particulière de la prestation d'assurance, qui s'analyse comme une promesse de paiement conditionnel moyennant un versement immédiat, suppose que l'entreprise qui s'engage ainsi demeure en état de remplir ses engagements jusqu'au moment où elle sera appelée à effectuer le paiement convenu.

Aussi, dans un grand nombre de pays. Les pouvoirs publics ont institué une réglementation et contrôle des opérations des entreprises d'assurance, limité au départ à certaines branches (essentiellement à l'assurance sur la vie), ce contrôle s'est étendu aux assurances de responsabilité et a tendu à se généraliser sur l'ensemble des secteurs.

1- Réglementation et contrôle :

Presque tous les pays exigent une autorisation préalable pour la création d'une entreprise d'assurances. Cet agrément n'est jamais général ; il est accordé pour une ou plusieurs branches déterminées.

Les sociétés qui pratiquent les opérations d'assurances sur la vie ne peuvent en général opérer dans les autres branches. La plupart des pays énumèrent les provisions techniques obligatoires : certains en fixent le mode de calcul pour la branche vie ou pour toutes les branches. Les services administratifs qui exercent le contrôle de l'assurance dépendent en général du ministère des Finances.

2- Fiscalité :

Dans la plupart des pays, les primes d'assurances échappent à la fiscalité indirecte de droit commun (TVA). Elles sont le plus souvent soumises à une taxe spécifique dont le taux est très variable selon les branches et selon les pays. Les assurés de certains organismes peuvent même bénéficier d'exonérations fiscales comme c'était le cas en France pour les mutuelles agricoles pour les risques professionnels.

Section 5 : Les entreprises d'assurance :

1- Les statuts des sociétés d'assurances :

D'une façon générale, une personne physique ne peut pratiquer des opérations d'assurance soumises au contrôle. Cependant, dans certains pays, un groupement de personnes peut le faire, mais, en pratique, cette situation reste exceptionnelle. Dans tous les pays, les entreprises d'assurances sont pratiquées non seulement par des entreprises, qui sont privées, mutuelles ou nationalisées, mais aussi par des organismes à monopole ou à privilège.

2- Leur dimension :

Il existe des sociétés d'assurances de dimensions très diverses. Les plus petites sont en général des sociétés mutuelles très spécialisées sur un plan local ou professionnel, les plus importantes sont des sociétés opérant sur toute l'étendue du territoire national, voir à l'étranger.

3- La distribution :

La distribution de l'assurance peut s'opérer soit directement par des salariés de l'entreprise d'assurance, soit indirectement par des intermédiaires. Quel que soit son statut, la personne qui présente des opérations d'assurance au public est appelée «producteur» en raison du fait que la souscription des risques est, pour l'entreprise d'assurance, un élément indispensable à la «fabrication» de la garantie qu'elle produit.

Section 6 : l'assurance islamique :

1- L'assurance Charia compatible

La jurisprudence islamique, issue de la loi coranique, définit cinq critères que doivent respecter les transactions économiques pour être conformes à la Charia :

-Le paiement et la réception d'intérêts ne sont pas autorisés.

-L'incertitude et la spéculation sont interdites.

-Les profits et les pertes sont partagés entre les parties.

-Les placements dans certains secteurs (par exemple le tabac, l'alcool ou les jeux d'argent) sont interdits.

-Les investissements doivent être restreints aux seuls actifs tangibles.

L'assurance islamique est dite, en arabe, « takaful » : « se garantir mutuellement ». Un principe qui repose sur trois interdits fondamentaux, conformément à la charia (loi islamique) : le hasard, les intérêts et la spéculation. Pour exclure toute notion de hasard, ou d'incertitude dans leurs contrats, les compagnies recourent donc au « tabarru » : un contrat « à titre gratuit ». Concrètement, cela signifie que les souscripteurs versent une « donation », et non une prime, à l'opérateur. Deuxième point, pour exclure toute notion d'intérêt, le montant de ce « don » ne couvre que les frais de gestion du contrat ; les éventuels bénéfices doivent être partagés entre les assurés et l'opérateur. De plus, il est interdit d'investir les fonds sur un certain nombre de secteurs précisément définis : l'alcool, les drogues, le jeu, la pornographie, l'alimentation non halal, le tabac, les banques et les assurances non takaful, et également l'industrie de l'armement, sauf s'il s'agit de celle des États.

Une fois ces principes établis, il existe deux modèles de gestion, avec un point commun : ils séparent en deux entités juridiques distinctes les fonds où sont apportées les cotisations des clients et qui sont chargés de régler les sinistres, et la société de gestion chargée de faire fonctionner ce fonds.

Le modèle prédominant au Moyen-Orient et préférentiellement utilisé en Europe est le modèle dit « wakalah ». L'opérateur agit comme un simple mandataire, gérant les fonds pour le compte des souscripteurs. Il ne participe pas directement au risque supporté par le fonds, mais il est rémunéré par le fonds pour sa gestion, sous la forme d'une « wakalah fee ».

L'autre modèle, prédominant en Asie, est le « Moudaraba », où la répartition des bénéfices entre cotisants et opérateur est fixée à l'avance.

Enfin, les opérateurs takaful doivent faire appel à des réassureurs, qui doivent eux aussi se plier aux mêmes règles : on parle alors de retakaful.

Donc, l'assurance Charia compatible, connue également sous le terme « takaful», est basée sur les principes d'assistance partagée et de contribution volontaire des souscripteurs. Le risque est mutualisé collectivement et volontairement par l'ensemble des souscripteurs. La prise de risque excessive et l'incertitude sont écartées du contrat par une définition claire du sinistre ainsi que par le paiement sous forme de don volontaire d'un montant fixé par l'assureur.

Ce type d'assurance implique trois grands principes. D'une part, la séparation des fonds des assurés et des actionnaires est primordiale. Les actionnaires ne doivent réaliser ni pertes ni bénéfices sur leurs opérations, pour respecter les critères de non-spéculation et d'intérêts non autorisés. La prime des assurés prend ainsi la forme de donation dans l'intérêt commun, elle couvre les charges techniques et les frais de gestion. Par ailleurs, les compagnies s'engagent à distribuer les bénéfices techniques aux assurés. Enfin, pour garantir la conformité à la Charia, un Comité indépendant, reconnu et légitime constitué de certificateurs, doit garantir la conformité des opérations liées à la commercialisation des produits. Véritables experts en matière de législation islamique bancaire, actuarielle et financière, ils ont pour objectif de superviser les opérations d'assurance et de contrôler leur conformité à la Charia.

Enfin, l'assurance Charia compatible introduit une distinction entre l'assurance vie et l'assurance non-vie. Pour l'assurance vie, la prime versée est généralement destinée à couvrir le risque de mortalité. En ce qui concerne les contrats d'assurance non-vie, la Charia précise comment les gains générés par les placements et/ou excédents des assureurs seront répartis entre assureurs et assurés. Les pertes sont à la seule charge des assurés, en tant qu'apporteurs de capitaux par l'intermédiaire de leurs primes, sauf s'il est établi que la compagnie d'assurance a commis une faute professionnelle.

Le mécanisme de l'assurance vie islamique comporte des similitudes avec celui du monde de la mutualité. Néanmoins, le fait que les pertes d'un membre du groupe ne soient pas transférées aux autres, les restrictions sur les politiques de placement ou encore la nécessité d'avoir un comité de certification constituent des différences fondamentales.

2- Marché de l'assurance islamique dans le monde

Les sociétés d'assurance qui proposent des produits conformes aux exigences de la Charia sont aujourd'hui plus de 250 dans le monde. Elles ont réalisé en 2011 un chiffre d'affaires de plus de 12 milliards de dollars, soit plus de 9 milliards d'euros. Ce marché, qui pèse seulement 1 % du marché mondial avec plus de 20 % de la population comme client potentiel, connaît une croissance annuelle très importante.

À ce jour le marché de l'assurance islamique se concentre principalement au Moyen-Orient et en Asie du Sud-est. Les pays musulmans du Golfe ainsi que la Malaisie en sont le berceau. Selon une étude de Moody's, près de 6 milliards de dollars de primes y ont été collectés en 2010. Ce marché se partage entre assureurs et bancassureurs.

Conclusion générale

Nous avons vu que la doctrine de l'économie islamique prend une ligne intermédiaire entre le libéralisme et le communisme. D'un côté, il opte pour une libéralité réglementée du marché, tout en mettant le souci de la justice sociale parmi les priorités ; de l'autre côté, son interdiction des intérêts l'éloigne des pratiques capitalistes.

Les règles qui régissent les transactions dans le système islamique sont claires et bien déterminées, de façon à éloigner tout vice qui désoriente le but de la transaction.

Ainsi, dans le même sens, les institutions financières islamiques respectent les critères suivants :

-Le paiement et la réception d'intérêts ne sont pas autorisés.

-L'incertitude et la spéculation sont interdites.

-Les profits et les pertes sont partagés entre les parties.

-Les placements dans certains secteurs (par exemple le tabac, l'alcool ou les jeux d'argent) sont interdits.

-Les investissements doivent être restreints aux seuls actifs tangibles.

La place de ces institutions financières sur l'échelle mondiale se confirme continuellement, et la masse de financement dans ce secteur s'est multipliée durant les dernières décennies.

À PROPOS DE L'AUTEUR

L'auteur est titulaire d'un doctorat en sciences économiques et de gestion de l'IPU-université de Bamako, Mali. Il est conférencier à l'université des sciences islamiques d'Aioun.

Il est aussi l'auteur du livre « Impact des politiques douanières sur le développement en Mauritanie » ISBN : 9798366951012- Edition Amazon et de plusieurs artiles économiques.

www.ingramcontent.com/pod-product-compliance
Lightning Source LLC
Chambersburg PA
CBHW050000230526
45465CB00003BB/1193